SISTEMAS

Esc
Tab
CapsLock
Shift
Ctrl
Q
A
S
Z

SISTEMAS

Administración y Gestión Informática

Ing. Freddy C. Belliard M.

SFM. Republica Dominicana. MMXVI

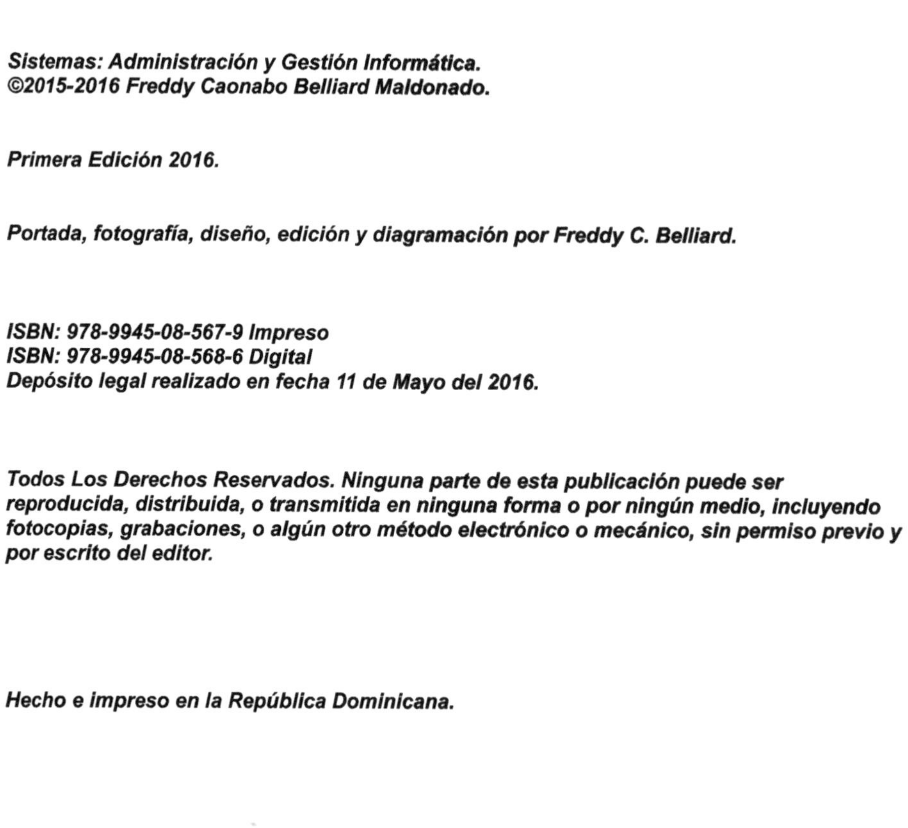

Sistemas: Administración y Gestión Informática.

Primera Edición 2016.

Portada, fotografía, diseño, edición y diagramación por Freddy C. Belliard.

ISBN: 978-9945-08-567-9 Impreso
ISBN: 978-9945-08-568-6 Digital
Depósito legal realizado en fecha 11 de Mayo del 2016.

Hecho e impreso en la República Dominicana.

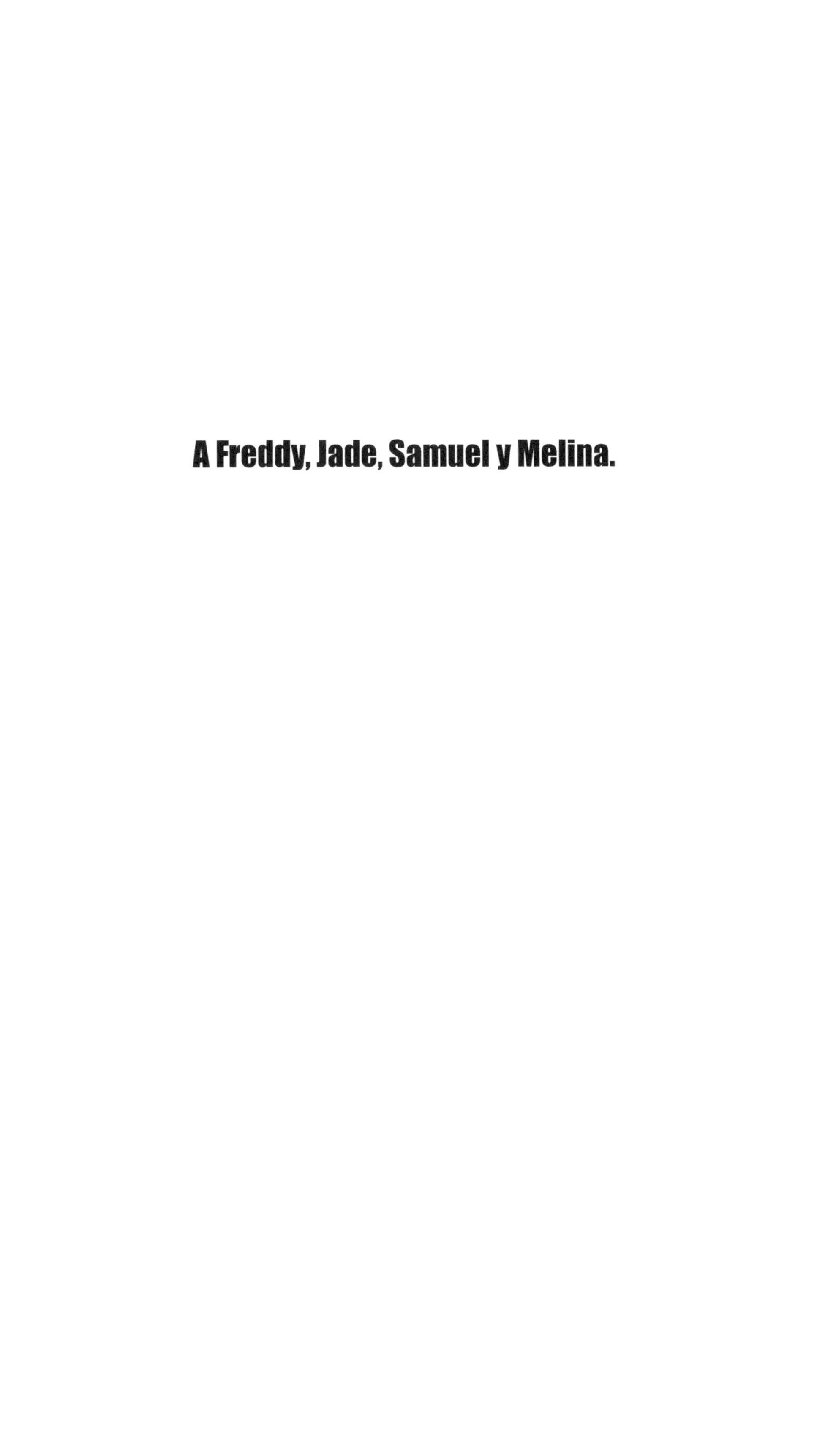

A Freddy, Jade, Samuel y Melina.

Contenido

Prefacio

Sobre el libro:

Este libro está basado en dos pilares principales:

A-) Las funciones del administrador, descritas por Henry Fayol en su libro "Administración Industrial y General". Las funciones descritas en el libro han sido adaptadas a la gestión informática, tal cual la he llevado a cabo durante mi ejercicio como director de áreas de informática.

B-) La experiencia adquirida en el terreno durante los últimos 12 años de ejercicio de la carrera de informática, como Ingeniero en Sistemas de Información y Computación. Experiencias que abarcan, pero no se limitan a: soporte técnico y desarrollador web y de móviles, supervisor de sistemas, director de informática y director de áreas de desarrollo de software.

Sobre los capítulos:

El capítulo 1 y el capítulo 2 están ligados, el primero se desarrolla en el terreno de la teoría ejemplificada y el segundo en la simulación de situaciones del primero.

El capítulo 3 se basa en la gestión de los servicios, llevado a cabo con una mezcla de teorización, ejemplificación y simulación de situaciones.

En el capítulo 4 se lleva a cabo la implementación de un servicio, como contraparte de los conceptos emitidos en el capítulo 3, sin embargo este capítulo se centra en la instalación de la plataforma. Este último capítulo es abundante en material visual de muestra.

Durante la lectura de este libro hay comentarios encasillados para aclarar o detallar las ideas expresadas.

Sobre las simulaciones y ejemplos:

Al final de cada capítulo hay comentarios con preguntas para lector analizarlas.

Los ejemplos y situaciones citadas en este libro son puramente ficcionales, cualquier similitud es coincidencia no intencional. Sin embargo, cabe destacar que dichos ejemplos son sacados del terreno propio del ejercicio y el conocimiento de causa y efecto.

OUTSource es una empresa ficcional creada para ejemplarizar las posibles situaciones del mundo real.

Sobre derechos de autor y propiedad intelectual:

Las marcas de software, aplicaciones, sistemas operativos, las marcas de equipos tecnológicos o componentes de hardware aquí citados son marcas registradas de sus respectivos registrantes.

Para la redacción del capítulo 4 se ha utilizado a Zentyal Server Development 4.2, el cual es propiedad de Zentyal.

Todas las gráficas de flujo presentes en el libro son de mi autoría y derecho de autor. Todas las imágenes y capturas de pantalla son de mi autoría y derecho de autor. El software al cual se hace captura de pantalla es propiedad de su correspondiente registrante.

La redacción de este libro, la creación y edición de imágenes han sido realizadas utilizando software open source.

Introducción

En la actualidad las decisiones se toman rápido, en un entorno cambiante que desafía la capacidad de los directores a la hora de tomar un curso de acción. La gestión departamental gira en torno a las decisiones y es inherente al trabajo de equipo. Se define al equipo como un conjunto de personas, departamentos o unidades que trabajan para un fin común con tareas, deberes, metas y objetivos.

En la gestión departamental y de equipo, existen múltiples puntos de vista a la hora de decidir el qué, cómo, cuándo y dónde, cuánto y quiénes. Unos ven el equipo y otros ven al individuo y sus respectivos resultados. Dejemos de lado el tema de la gestión de departamentos no informáticos.

En este libro hablaremos del departamento de informática -usualmente llamado de TI, de IT, de sistemas, de cómputos, de tecnología, de automática, de automatización, entre otros - y los diversos aspectos relacionados al trabajo de equipo, al trabajo individual y la gestión técnica y administrativa. Cubriremos la gestión de servicios y podremos ver ejemplos y simulaciones del mundo real de la informática, así como procesos de implementación e instalación de servicios informáticos.

En el mundo moderno ya no solo se habla de aplicaciones y utilitarios, de sistemas y servidores, redes y equipos, también se habla de las necesidades de los usuarios por ver reflejadas sus necesidades operativas y de información en los servicios informáticos.

SISTEMAS

Parte 1
Capítulo 1

En esta parte, hablaremos del administrador de informática, los diversos aspectos relacionados al trabajo de equipo, la gestión técnica y administrativa del departamento. Veremos los aspectos a cubrir en la gestión informática de los diferentes enfoques de administración departamental. Las funciones del administrador serán enfocadas desde el punto de vista del administrador informático.

[SISTEMAS]

hacia la consecución de los mismos.

•Coordinar: el departamento de informática no trabaja solo, trabaja en cooperación con otras unidades dentro de la empresa, como son los departamentos de mantenimiento, electricidad, recursos humanos, etc.

•Controlar: las soluciones informáticas pueden ser buenas, sin embargo sólo serán válidas, si están dentro del esquema departamental, que está dentro de la misión y visión de la empresa.

Dichas funciones son responsabilidad exclusiva e innegociable del administrador informático y cada actividad que el administrador lleva a cabo dentro del departamento debe cumplir con al menos una. Cada función tiene puntos de convergencia con al menos una de las otras.

1.1. La Planeación.

Toda estructura informática o tecnológica de la empresa, debe ser implementada tras un plan detallado. Toda actividad que requiera de la tecnología debe ser llevada a cabo tras una planeación que tome en cuenta todas las situaciones posibles, y prevea las contradicciones del mundo real.

En una empresa constituida, existen decenas de sistemas en funcionamiento, los cuales pueden ser informáticos u operacionales; los cuales manejan y transportan información para la empresa.

La pausa de cualquier sistema, sin importar su nivel de funcionalidad o eficiencia, sea informático u operacional, genera serios inconvenientes dentro de la empresa.

Una de las grandes problemáticas de la gestión departamental, es la realización de tareas de mantenimiento programadas o de emergencia, en tiempos en los que el sistema aún está en uso, los departamentos trabajan o la plataforma sobre la que funcionan está en uso por otro servicio.

Antes de realizar cualquier acción, el administrador debe tomar en cuenta las decisiones que mantengan en funcionamiento los sistemas vigentes.

Ejemplo. El gerente general, no muy entendido en el ámbito de las tecnologías, no va entender los tecnicismos que oye, explicaciones del por qué un equipo tecnológico fue sacado de funcionamiento.

Tecnicismos: expresiones utilizadas en el diario ejercicio técnico. El gerente podría entender el jerga, mas no las razones detrás de la acción que detuvo el funcionamiento de los sistemas.

La planeación es necesaria cuando:

•Se llevan a cabo procesos operacionales externos al departamento que requieren el uso de tecnologías.

•Se reformulan las estructuras departamentales internas.

•Se manipulan tecnologías de hardware o software.

1.1.1. Procesos Operacionales Externos

Los procesos operacionales de la empresa hacen a menudo uso de la tecnología. En muchas ocasiones la empresa es dependiente de la tecnología para llevar a cabo hasta el más minúsculo de los procesos o actividades. En todo esto, el departamento o equipo de informática debe estar participando de forma activa. Los procesos que surgen de forma inesperada y los que surgen producto de una calendarización previa, tienen ambos necesidades de ser cubiertas por equipos tecnológicos y sistemas de información.

Si la empresa posee suficientes recursos financieros o de tecnología para cubrir las necesidades del proceso, todo estará bien. Sin embargo no siempre es así. La reutilización de recursos puede ser muy común, pues muy pocas empresas adquieren equipos que tendrán que desechar después de un proceso que puede ser transitorio.

Cuando se requiere la reutilización de equipos que funcionan en otras áreas, se necesita contar con la colaboración de todos los involucrados para actuar y la aprobación del gerente general o del más alto al mando. La comunicación debe ser constante en todos los pasos de la actividad, en especial en la que se presentan intereses de índole no técnica.

Los pasos a seguir en esta situación son:

- •Recolección de información
    - •Identificación de los equipos involucrados.
    - •Identificación de los líderes de áreas.
    - •Recolección de información sobre el proceso: técnica, financiera, operativa.
- •División del Proceso
    - •Modularización de procesos por etapas.
    - •Calendarización de la actividad en subactividades.
    - •Asignación de procesos técnicos.
    - •Coordinación operativa.
- •Coordinación de insumos externos al departamento:
    - •Equipos y tecnologías.
    - •Soporte financiero.
    - •Asistencia operativa.
    - •Inteligencia operativa.
    - •Entrega del proceso.
    - •Soporte al proceso.

1.1.2. Reformulación de Estructuras Internas.

De índole interna, tiene como fin establecer un orden en diversos niveles. Este paso comparte mucho con la función organizacional y abarca desde la estructura de puestos, hasta el calendario de trabajo, mas no queda limitada a ésta.

Para la reformulación de la estructura de puestos ver el capítulo La Organización.

Con respecto a la reformulación de las actividades del departamento, se toman en cuenta varios factores, entre ellos los servicios brindados al resto de la empresa y a los clientes finales. Para ver más sobre esta vertiente de la planificación hay que tomar en cuenta lo planteado en el capítulo La Dirección. El cambio de estructura interna debe siempre evitar el detenimiento de los procesos y servicios que se brindan dentro de la empresa.

1.1.3. Tecnologías de Hardware y Software.

Este es de los más extensos, y requiere una planificación detallada en cada aspecto:

Aspecto Técnico.

El administrador informático debe saber cuál es el alcance técnico de la solución, donde comienza y dónde termina. Debe conocer las implicaciones técnicas y la plataforma a ser utilizada.

> Ejemplo. Departamento de informática: la adquisición de un servidor proxy para el control de accesos a internet. ¿Qué tanta memoria debe tener?¿Qué tanto espacio en disco?¿Velocidad de transferencia del disco?¿Cantidad de procesadores? ¿Velocidad de los procesadores?¿Cuántas tarjetas de Red?¿Qué velocidad necesitan las tarjetas de red?¿Sistema Operativo?¿Qué licencias de software se necesitan?¿Los equipos de red tienen la velocidad necesaria para competir con dicho servidor proxy?

Aspecto Operacional.

Hay que tener pendiente cuál personal y cuáles departamentos están involucrados en el proceso y de cuáles depende el departamento de informática para llevar satisfactoriamente dichos procesos.

> Ejemplo. Departamento de Mantenimiento: "Se necesita la instalación de una o dos baterías más para el inversor, para tener el suficiente poder para iniciar todos los equipos del rack una vez que ustedes tengan el servidor proxy instalado"

> Departamento de Compras: "Todavía no hemos podido recibir las cotizaciones, ni las del servidor ése que usted dice, ni las de las baterías solicitadas por mantenimiento"

Aspecto Financiero.

La gerencia necesita saber cuáles son los compromisos económicos a los que se lanza a la hora de optar por llevar los cambios, ajustes e implementaciones de orden tecnológico.

> Ejemplo. Departamento de Compras: "Ya recibimos las cotizaciones y todas hacen que el departamento exceda su presupuesto asignado"
>
> Gerencia Financiera: "El servidor le será aprobado al departamento de informática el año que viene, con la asignación del nuevo presupuesto. Por ahora tenemos que someternos a lo estipulado pues la institución se ha sobrepasado en un 15% del presupuesto aprobado"

Escenarios.

Cuando se manipulan tecnologías de hardware o software, se presentan los siguientes escenarios:

- La implementación de una nueva tecnología.
- La mejora de una tecnología vigente.
- La obliteración de una tecnología obsoleta, sin la posibilidad de ser sustituida por una más reciente.

Escenario A. _
La implementación de una nueva tecnología.

En el primer escenario tenemos el caso de una empresa a la cual nunca se le había implementado algo parecido a sistemas, redes o equipos computacionales diversos. En este escenario la empresa lleva a cabo sus operaciones de forma manual. Tienen formularios por escrito y usan lápiz y papel. En el mejor de los casos usan una máquina registradora no computarizada, la cual la han utilizado por años. Los gerentes en esta situación, buscan una forma de corroborar sus datos más rápidamente, y están totalmente convencidos de que el sistema es la solución.

Aspectos de este escenario:

Aspecto Técnico.

Cualquier solución resuelve el problema. Automatizar los procesos es el problema en este caso. Generalmente se opta por un sistema comprado externamente, pues la empresa no tiene tiempo para que un equipo interno lo desarrolle. Es posible que la empresa no cuente con los recursos para contratar desarrolladores internos, los cuales se conviertan en un equipo que produzca a la velocidad de las necesidades de la empresa.

Si se opta por un equipo interno de desarrolladores, el administrador informático se convierte en el encargado de entregar el sistema pieza por pieza a cada departamento de la empresa. El sistema funciona a modo híbrido, y crea reportes físicos para cada departamento vinculado a los procesos automatizados.

Muchas veces el administrador informático se hace a un lado y deja a los desarrolladores internos o externos trabajar de forma directa con la gerencia y los empleados. Esto sucede porque los vínculos secretivos departamentales se antelan sobre las funciones administrativas dentro de la empresa. Otras veces la carga de solicitudes de un departamento no cesa, cuando debería, de acuerdo al itinerario, comenzarse el desarrollo de otros módulos para otros departamentos. En este último, al administrador se le exige que acelere a los desarrolladores, aún cuando saben que las solicitudes hechas a los mismos aparecen a cada momento y cambian de forma antes de terminarse la solicitud original.

Aspecto Operacional.

El departamento de informática depende de todos los departamentos en este caso. Si se opta por la adquisición de un sistema externo, el administrador informático funge como intermediario entre las necesidades de la empresa y las especificaciones técnicas del sistema a instalar.

Si se opta por la adquisición de un equipo de desarrolladores interno, el administrador informático recibe toda la responsabilidad de crear un itinerario con los departamentos para la recepción de información y la entrega de módulos de sistemas, su prueba y retroalimentación al equipo que los desarrolla.

El equipo de desarrolladores en todo caso puede trabajar de forma directa con los departamentos o utilizar al administrador como buffer entre unidades.

Aspecto Financiero.

La gerencia está convencida del paso a dar con la implementación de la solución informática. Está tan deseosa de llevarla a cabo que instalaría cualquier sistema, siempre que se vea atractivo y funcional. Es el deber del administrador informático, traer a la gerencia a terreno sólido, y presentar varias soluciones viables para empresa. El costo no es un problema aquí, sino el tiempo. La gerencia quiere medir resultados, rápido.

Aquí el administrador debe presentar realidades:

Si la empresa se adapta al sistema la implementación tardará menos.

Si el sistema se adapta a la empresa los procesos serán más nativos.

Por otro lado, mientras la gerencia está dispuesta, los empleados no tanto. En esta situación, los colaboradores están renuentes a la instalación de sistemas informáticos porque:

- No necesitan un sistema informático.
- Como están, se encuentran bien.
- Lo hacen más rápido de forma manual.
- No confían en las computadoras.
- Entre otras.

Escenario B._
La mejora de una tecnología vigente.

En el segundo escenario la empresa está habituada al uso de sistemas informáticos. Los equipos de trabajo o departamentos estarán listos a conversar sobre el sistema, siempre y cuando no se les hable de cambiarlo. Tendrán mil y un razones que quizás no digan en voz alta pero lo manifiesten en su actitud y predisposición. La gerencia está consciente de la necesidad del cambio y lo autorizan, sin embargo, si alguna situación de índole operacional o financiero se interpone, detendrán la continuidad del proceso.

Aspectos de este escenario:

Aspecto Técnico.

Este presenta un reto mayor al expuesto cuando no hay sistematización previa. Existe un modelo sistemático dentro de la empresa que, aunque no haya sido el mejor, se desea sea patrón de la siguiente implantación. El sistema contiene información valiosa que debe ser pasada al nuevo sistema.

Los requerimientos físicos pueden ser similares o no; este aspecto debe tomarse en cuenta pues afectan otros aspectos de la planeación.

Los siguientes grupos expresan los recursos informáticos que son tocados al momento de trabajar cambios a nivel informático en la empresa.

Recursos inadecuados:

- Licencias actuales de software que no se utilizan en el nuevo sistema.
- Equipos que no reúnen las características mínimas del nuevo sistema.
- Plataformas de red obsoletas.
- Redes eléctricas insuficientes.
- Inexistencia de respaldo eléctrico.

Recursos actualizados:

- Actualización de software.
- Actualización de hardware.

- Recertificación de Equipos.
- Reformulación o cambios en la red.
- Adecuaciones Eléctricas.
- Mejoras al respaldo eléctrico.

Recursos de nueva adquisición:

- Licencias de software.
- Licencias de hardware.
- Equipos nuevos.
- Instalación de nuevas redes.
- Respaldo eléctrico.

Aspecto Operacional.

Las operaciones de la empresa están fundidas con el sistema y dependen en muchos aspectos de las tareas que este realiza. Reportes, consultas, registros, son una parte de las tareas que el sistema realiza las cuales deben ser sustituidas o compensadas por el nuevo sistema. La implementación del nuevo sistema no debe detener el funcionamiento de la empresa por ende, debe cubrir los aspectos existentes, hasta que el nuevo sistema tome todo el control.

Aspecto Financiero.

Los costos en los que se incurren al implementar cambios, donde existen sistemas en funcionamiento, pueden ser muy variados. La falta de una planificación adecuada en este escenario aumenta los costos de la implementación. Los recursos técnicos anteriormente citados, afectan a nivel financiero los proyectos de cambio y deben ser sopesados antes de dar cualquier paso inicial. Cualquier paso que lleve a un escalonamiento de los costos del proyecto puede llevar al pausado o terminación del proyecto en el punto alcanzado.

Los colaboradores dentro de la empresa y fuera del departamento de informática podrán mostrar cierta predisposición hacia la implementación del cambio tecnológico:

•El sistema actual es lento pero funciona.

•Ya estaban acostumbrados al otro.

•Con una tecla refrescan la pantalla.

•Ven que el sistema nuevo es "diferente"

•Lo sienten más lento.

•Quieren que el nuevo se parezca al anterior en todo.

•Quieren sacar reportes del viejo, aunque el nuevo ya tiene los datos.

Escenario C._ La obliteración de una tecnología obsoleta.

Sea redes, sistemas informáticos, soluciones distribuidas, toda tecnología llega a su fin. Este escenario sucede cuando la empresa pasa por una reformulación radical en donde dos departamentos se fusionan o varios desaparecen. Sus procesos, flujos y subsistemas dejan de estar vigentes, y dicha ausencia crea un claro vacío en el esquema operacional.

> Ejemplo. La unidad de cobros llevaba su contabilidad en un sistema arcaico que poseía décadas de información, y que la migración al sistema que usaba el resto de la empresa no había sido posible. Dicha unidad siempre había rendido sus reportes por escrito o escaneado a una imagen o formato portátil. La gerencia decidió que los costos de mantener la unidad de cobros como estaba eran muy altos, así que fusionaron a cobros con contabilidad. Dicha fusión hizo desaparecer el sistema de cobros y el mismo no fue sustituido por uno más actualizado. En el sistema de contabilidad se habilitó un pequeño módulo de cobros que no tenía toda la funcionalidad del sistema de cobros extinto.

En el escenario C no hay lugar a predisposiciones por parte del equipo o los demás colaboradores; una decisión administrativa extirpa, por razones varias, porciones de la empresa que ya no se necesitan.

1.2. La Organización.

La organización del departamento de informática trasciende la percepción visual, sonora u olfativa. La estructura interna del departamento tiene vital importancia a la `hora de arquear la división laboral. Dada la estructura jerárquica de una empresa, sus departamentos pueden copiar dicha imagen en sus funciones internas. Sin embargo, cabe destacar que hay dos puntos de referencia al momento de hablar de organización. Una es visible y atañe a la disposición física de los equipos y áreas de trabajo, mientras la otra es conceptual, y comprende la forma en que se divide el trabajo y la jerarquía departamental.

La organización de la que hablamos en este capítulo es conceptual. La organización divide el trabajo, establece objetivos, dirige el flujo operacional, y decide quién rinde cuentas a quien.

Hay dos grandes pasos a realizar para alcanzar con éxito la función de organización:

- Identificación de Talentos - Árbol de Talentos.
- Identificación de Estructura

El Árbol de Talentos.

Entre los colaboradores del departamento de informática existen potenciales líderes o guías, técnicos con experiencia, y personal con capacidad de pragmatismo. Conlleva entrevistar al personal de forma inicial y perfilar sus aptitudes, para luego, después de asignar las debidas responsabilidades, hacer pruebas de la identificación del personal con éstas. El administrador de informática es responsable de conocer a sus colaboradores, sus aptitudes, sus preferencias y el nivel de correspondencia con el trabajo asignado. Éste es un paso crucial que da bases a la función de dirección y fluidez en la función de control

Identificación de Estructura.

La estructura departamental puede ser hecha tomando como punto de partida dos enfoques: el enfoque horizontal o el enfoque vertical. Estos dos enfoques no son opuestos, pero sus diferencias hacen difícil, mas no imposible, su integración bajo el techo de una misma empresa.

1.2.1. El enfoque vertical de la organización departamental.

En la organización vertical, existe un centro departamental, el administrador. Debajo de éste, están todos los demás colaboradores con tareas específicas y responsabilidades por áreas. Cada colaborador rinde cuentas al administrador informático, y puede intercambiar información o trabajar en cooperación; sin embargo, esto es algo que los colaboradores hacen sólo si es necesario, pues el esquema vertical no contempla co-dependencia entre las áreas. Cada área es independiente y modular, y adquiere todos los recursos físicos y de información del administrador informático. La información sube y baja a través de un aparatoso canal de puestos y procedimientos.

En este enfoque, la esquematización interna se hace en función a:

- El trabajo que se realiza.
- El puesto o área en la que se trabaja.

La organización vertical depende de una división del trabajo y control eficaces, y un constante seguimiento de la agenda de trabajo.

En el siguiente ejemplo se muestra la estructura interna de un departamento de sistemas con organización vertical.

Ejemplo.

Administrador de Informática

- Área de Redes
- Configurador de Equipos
- Cableado y redes físicas

Área de soporte

- Asistente técnico
- Mantenimiento de Hardware

Área de Desarrollo de Software

- Desarrollo Web
    - Diseñador Gráfico.
    - Diseñadores de Interfaz de Usuario.
    - Desarrolladores Web.
    - Desarrolladores de Servicios Web.
- Desarrollo de Escritorio
    - Soporte Técnico
    - Unidad de Análisis y Diseño
    - Programadores Front-End
    - Programadores Back-End
- Desarrollo Móvil
    - Unidad de Diseño gráfico
    - Unidad de Programación

Base de Datos

- Analistas de Base de datos
- Integrador de Base de Datos
- Soporte de Base de Datos

Esta estructura puede ser parte de cualquier empresa o institución que utilice y brinde servicios de informática. Nótese la palabra 'Unidad'. Esta palabra indica la presencia de un personal integrado que trabaja de manera sincronizada, con tareas específicas y con un enfoque dirigido a los objetivos.

1.2.2. El enfoque horizontal de la organización departamental.

En la organización horizontal, el administrador asigna objetivos a grupos de trabajo, los cuales tienen autonomía de gestión en la persecución de dichos objetivos. Todos deben cooperar con las metas, y las mismas pueden estar atadas a las de otros grupos o individuos. La cooperación y la consecución de objetivos es el centro de la organización horizontal.

El enfoque horizontal centra su esquematización en:

- Los servicios que se brindan
- Los objetivos departamentales
- Mientras tanto, su éxito depende de:
- El liderazgo
- El surgimiento de grupos informales

En el siguiente listado muestra la estructura interna de un departamento de sistemas con organización horizontal.

Ejemplo.

Administración de Informática

- Gestión de Redes
- Configurar Equipos de Red
- Establecer redes Físicas y Cableado.

Gestión de soporte

- Asistir Usuarios Equipos
- Reparar de Equipos
- Dar Servicio Técnico a los Equipos Computacionales

Desarrollar Software y Sistemas

- Desarrollar Aplicaciones del Entorno Web

Diseñar Recursos Gráficos.

Diseñar Interfaz de Usuario.

Desarrollar Sistemas Web.

Desarrollar Servicios Web.

•Desarrollar Aplicaciones y Sistemas de Escritorio

Brindar Soporte Técnico

Analizar y Diseñar Sistemas de Información

Programar Front-End

Programar Back-End

•Desarrollar Aplicaciones de Entorno Móvil

Diseñar Entorno Gráfico

Programar Aplicaciones Móviles

Analizar Base de Datos

•Analizar Base de datos de Escritorio

•Analizar Base de datos de Web

•Analizar Base de datos de Equipos Móviles

•Integrar Base de Datos

•Brindar Soporte de Base de Datos

El administrador informático crea grupos de individuos con habilidades que cubran las necesidades de cada tarea, identifica surgimiento de liderazgo, y delega en representantes carismáticos, que a su vez incentivan al resto del grupo a la constante mejora de los resultados. En este modelo un grupo puede interactuar con cualquier otro para lograr los resultados u objetivos esperados. Nótese que en el listado anterior no se mencionan los grupos, áreas o departamentos sino los objetivos o procesos a lograr.

1.2.3. Horizontal vs. Vertical.

Ambos enfoques organizativos tienen puntos fuertes y puntos a mejorar a la hora de decidirse por uno o por el otro.

El enfoque vertical refuerza los aspectos disciplinares de la gestión, al hacer énfasis en la mejora de eficiencia en el ejercicio de la función. ¿Qué debo hacer? ¿Cómo debo hacerlo?¿Qué tengo para hacerlo?¿Cuánto tiempo tengo para hacerlo? Son preguntas clave de la gestión vertical.

El enfoque horizontal refuerza el aspecto de los resultados, al enfatizar el logro de los objetivos, y la mejora de la calidad de los resultados. ¿Cuál es el objetivo?¿Cuáles son los pasos?¿Hay una mejor manera?¿Quiénes están involucrados? Son puntos a cubrir de la gestión organizativa horizontal.

El siguiente cuadro muestra algunos puntos del enfoque vertical vs. el horizontal.

Vertical	Horizontal
Enfoque en la Jerarquía de Puestos	Enfoque en la Consecución de Objetivos
Establecimiento de Puestos	Creación de Grupos de Trabajo
Tareas	Objetivos/Procesos
Estructura Preestablecida	Estructura Dinámica
Control	Coordinación
Modularidad/Aislamiento	Cooperación/Involucramiento
Comunicación Arriba/Abajo	Comunicación en Todos los Sentidos.

Tabla 1.2.3.a.

Una empresa o institución con organización jerárquica tiene áreas y departamentos organizados de la misma forma, sin embargo, pueden existir departamentos organizados de forma distinta. Un departamento enfocado de forma horizontal que existe dentro de una empresa jerárquica, tiene un reto mayor que otro que está alineado al enfoque de los demás departamentos.

Un departamento organizado de forma horizontal dentro de una empresa tradicional o vertical, debe seguir sus propios lineamientos orientados a objetivos o procesos, y al mismo tiempo cumplir con la estructura del resto de la empresa:

- Calendario de Actividades.
- Informes
- Reuniones.
- Presentar puestos definidos a Recursos Humano.
- Interactuar con canales de comunicación pobremente

establecidos.

•Responder a un fuerte mecanismo de control y seguimiento.

De ser lo inverso y el departamento estructurarse de forma estática con áreas subalternas y tareas específicas a cumplir, éste tiene que interactuar con una empresa que pide resultados, no informes, que pide liderazgo y delegación, no jefatura.

Un departamento vertical tiene que reforzar sus estructuras internas mientras empuja la rendición de resultados para el resto de la empresa.

El administrador tiene que adaptarse a:

•Crear un ambiente híbrido para el logro de objetivos.

•Flexibilizar la gestión, mientras mantiene la estructura jerárquica.

•Identificar liderazgo dentro de las áreas.

•Delegar

•Reducir la burocracia interna.

•Identificar objetivos dentro de las áreas y reforzarlos.

Debilidades de los enfoques vertical y horizontal.

Vertical	Horizontal
Depende de la estructura jerárquica	Depende de la identificación de liderazgo interno
Falta de enfoque en objetivos	Falta de definición de estructuras.
Carente de coordinación	Carente de control directo
Comunicación pobre	Saturación del canal de mando
Aislamiento de las unidades de trabajo	Dependencia de información entre unidades de trabajo

Tabla 1.2.3.b.

1.3. La Dirección.

Al momento que surge o se reformula el departamento de informática, hay una serie de preguntas que deben contestarse antes de dar cualquier paso:

¿Cuáles son los objetivos de la empresa?

¿Cuál es su misión?

¿Cuál es la visión de la empresa ?

¿Cuáles son los objetivos a corto plazo?

¿Cuáles son los objetivos a largo plazo?

¿Quiénes son nuestros clientes?

El trabajo realizado para una empresa que vende artículos de consumo, no es el mismo que se realiza para una empresa que vende servicios, ni el mismo que el que se hace para una institución educativa. Sin embargo, toda empresa o institución tiene misión, visión y objetivos a corto y largo plazo, además tienen clientes, lo cuales son el centro de sus operaciones.

Basándose en la premisa de que en toda empresa o institución, su misión y visión son la palanca, y de que sus clientes son el principal activo; podemos decir que sus colaboradores son el motor que impulsa la acción hacia la realización de los objetivos.

Por ende el administrador informático es el responsable y/o representante de los intereses institucionales para con su equipo, y debe impulsar la identificación de los mismos en cada tarea, proceso y objetivo.

¿Cómo puede el administrador informático impulsar la identificación de los intereses institucionales?

Es una pregunta cuya respuesta puede variar dependiendo de la empresa y su naturaleza.

Todo comienza con una serie de pasos que nos llevan a identificar los elementos claves, tras los cuales se respaldan los objetivos e intereses de la institución. Estos pueden iniciar en cualquier orden:

A-) Identificar el cliente del departamento, y los clientes de la empresa.

•Los usuarios de sistemas y equipos de la empresa y sus clientes finales son clientes del departamento de informática. Los clientes finales, a los cuales estos usuarios atienden, son directa o indirectamente clientes del departamento de informática. Cuando el equipo de informática resuelve un desperfecto en una terminal de cobros, atiende al cliente del departamento informático, o sea el área de cobros, y brinda un servicio indirecto al cliente de la empresa, el cual realiza el pago.

•Los usuarios internos de servicios soportados por el equipo de informática y sus clientes finales son clientes del departamento de informática. Si los servicios que el departamento informático soporta son de uso corporativo, ciertos departamentos o equipos los usan de plataforma para brindar atención a clientes finales.

> Ejemplo. El equipo de informática reparó una situación con el servicio de internet en la empresa y el staff de Servicio al Cliente pudo enviar los reportes de llamadas a los correos suscritos.

•Los usuarios finales de servicios de tecnología son clientes del departamento de informática.

> Ejemplo. Los servicios de Internet y de correo fueron restaurados el mismo día y todos los estudiantes ya están comunicados con sus profesores.

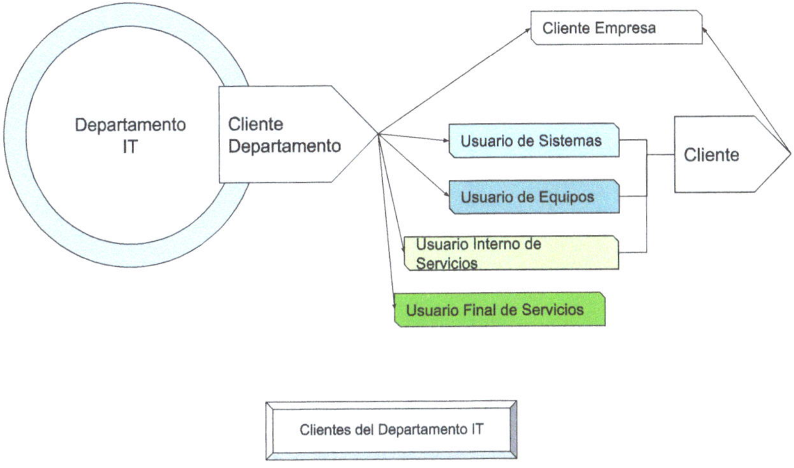

Fig. 1.3.1. En esta figura se muestra la vinculación de los clientes del departamento de informática. La flecha que conecta al Departamento de informática con el cliente de la empresa, es el resultado de éste ser cliente de los usuarios de los sistemas, equipos o servicios a los cuales Informática brinda soporte. La relación entre Informática y el cliente de la empresa es indirecta.

El administrador informático debe mostrar a su equipo cuáles son los clientes internos departamentales y externos de la empresa. Debe velar porque cada miembro de su equipo reconozca su función en la satisfacción de las necesidades de dichos clientes.

B-) Identificar los procesos de los departamentos externos al de informática que están alineados a la tecnología vigente en la empresa y que brindan servicio a otros departamentos o clientes finales.

Dichos procesos son de prioridad y todo servicio o tecnología asociada a dichos procesos debe tener un representante o responsable, el cual debe rendir cuentas del itinerario de mantenimiento del mismo. Contabilidad posee información que ofrece al departamento de cobros a través del sistema.

Ejemplo. El sistema está interconectado por redes locales, las cuales hacen posible que toda la empresa pueda acceder, con los privilegios adecuados, a reportes y consultas. La red en el área de cobros está inhabilitada por desperfectos en la configuración de los equipos. Cobros no puede acceder al sistema de contabilidad para consultar el estatus de sus deudores. La cobranza está suspendida hasta la visita del encargado de redes.

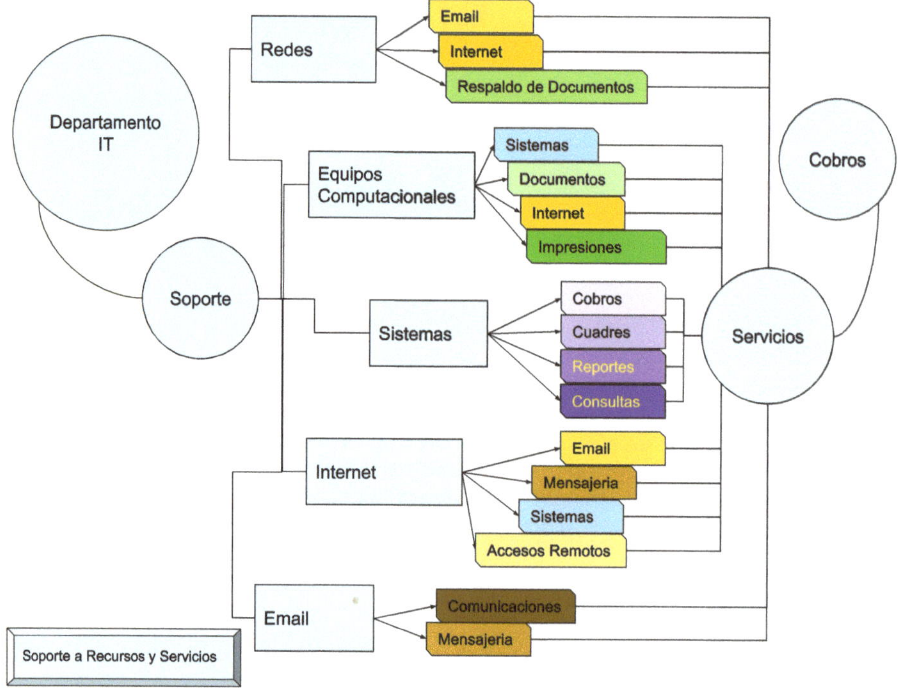

Fig. 1.3.2. La figura muestra todos los servicios asociados a los procesos del departamento de Cobros. Los procesos del departamento están abstraídos como parte de los servicios del sistema, al cual el Departamento de informática da soporte. Las casillas en morado muestran los procesos del departamento de cobros. Las casillas encima y debajo de las casillas moradas muestran otros servicios y procesos del departamento de cobros que son brindados por sus respectivos recursos informáticos a la izquierda.

C-) Identificar los servicios brindados y sus involucrados internos y externos.

Para esto lea el Capítulo 3: Administración de Servicios Informáticos.

D-) Identificar prioridades.

Hay múltiples enfoques para priorizar las tareas, procesos, objetivos:

- La primera entrada es la primera salida
- La última entrada es la primera salida.
- La entrada de mayor valor.

E-) Identificar el Árbol de Talentos.

Esto significa observar, entre los colaboradores del departamento, potenciales líderes o guías, técnicos con experiencia o habilidades, y personal con capacidad de pragmatismo. En la función de organización antes mencionada este es un paso crucial que da bases a la función de dirección y fluidez en la función de control.

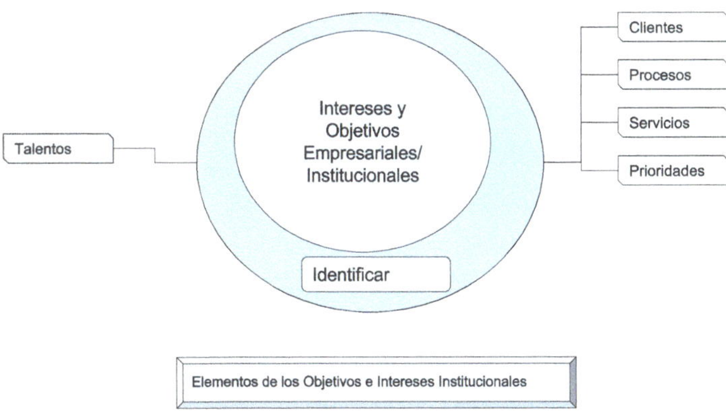

Fig. 1.3.3.

1.4. La Coordinación.

La coordinación es una de las funciones que hace a la gestión eficiente. Toma todos los objetivos, procesos, tareas, habilidades y responsabilidades, y las hace únicas. Dos encargados de redes en un departamento es una coordinación redundante cuando ambos están presentes durante el mismo horario.

La coordinación cubre no tan solo las situaciones preestablecidas como las antes mencionadas, sino también las que surgen de momento para resolverse y quizás no repetirse de la misma forma.

> Ejemplo. Hubo una desconexión de la red, y el equipo de mantenimiento de redes tuvo que notificar a la unidad de compras para la adquisición de un conmutador de redes. Este debía ser entregado al equipo de integración para que le fuese instalada la misma configuración que el equipo averiado. Mientras tanto, mantenimiento de redes entregó un conmutador viejo, pero funcional, para que integración lo configure a modo temporal y ellos poder instalarlo en lo que compras adquiere uno nuevo del fabricante.

En la situación anterior, existe una coordinación automática, en la cual el administrador informático no tuvo ninguna incidencia. En el principio el administrador informático dividió las responsabilidades o cargos, explicó y popularizó las mismas, así como las tareas de cada integrante. Estableció líneas de conexión entre las unidades y explicó el rol de los departamentos externos a informática. Y lo más importante, delegó la autoridad de dichas unidades para una gestión más pronta.

Para establecer una coordinación efectiva, el administrador informático debe:

- •Conocer el rol de los departamentos dentro de la empresa.
- •Conocer los procedimientos de cada departamento.
- •Conocer el mecanismo burocrático interno en caso de existir alguno.
- •Identificar el árbol de talentos interno.
- •Crear una estructura interna departamental.
- •Establecer objetivos y procesos únicos por unidad interna.
- •Establecer puntos de convergencia entre las unidades internas.
- •Establecer puntos de convergencia entre las unidades internas y los departamentos externos a informática.
- •Delegar autoridad interna en cada unidad.

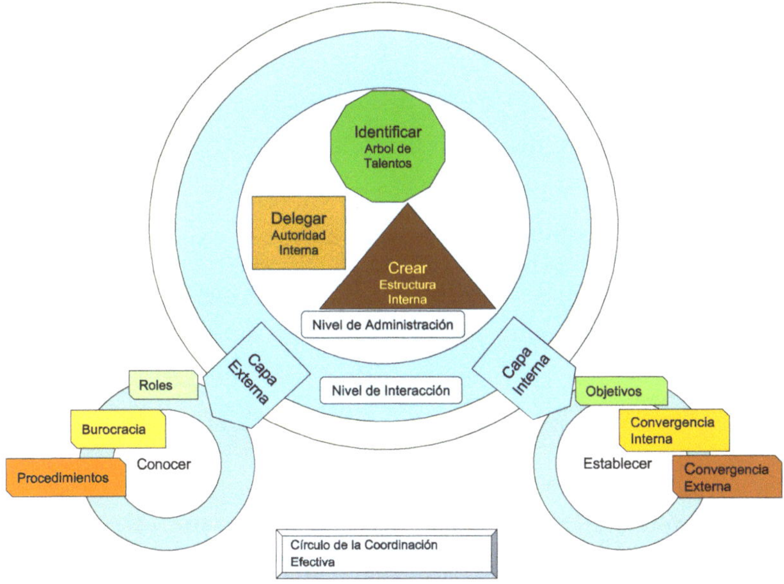

Fig. 1.4.1. En la coordinación departamental efectiva se observan dos niveles, el de la administración y el de la interacción. El nivel administrativo es el mas interno y abstracto, el cual solo es observable en la estructura interna definida. La identificacion del arbol de talentos y la delegacion de autoridad son cruciales para la efectividad de as estructuras internas. El nivel de interacción es el mas observable.

1.5. El Control.

Las soluciones informáticas pueden ser buenas, sin embargo sólo serán válidas, si están dentro del esquema departamental, que está dentro de la misión y visión de la empresa.

La informalidad que se extiende desde el área administrativa hacia el área de sistemas tiene repercusiones insospechadas por la administración, entre ellas está la aceleración de una gestión inadecuada en la cual el objetivo central es salir del paso.

Sin embargo es el deber del administrador informático, asegurarse que la visión informal administrativa respecto a los sistemas de información no pase de una simple visión y se convierta en hecho.

Es necesario establecer un sistema de búfer de gestión que permita al administrador informático filtrar las solicitudes hechas desde departamentos externos y convertirlos en ocurrencias adecuadas compatibles con el sistema de gestión interno del departamento.

Este filtro permite al departamento tener un mejor control de la acción y la gestión linterna, en vista a las situaciones del mundo real.

El administrador informático debe controlar no sólo lo que entra al departamento, a nivel de insumo de procesos, sino también lo que sale como resultado hacia los demás departamentos de la empresa.

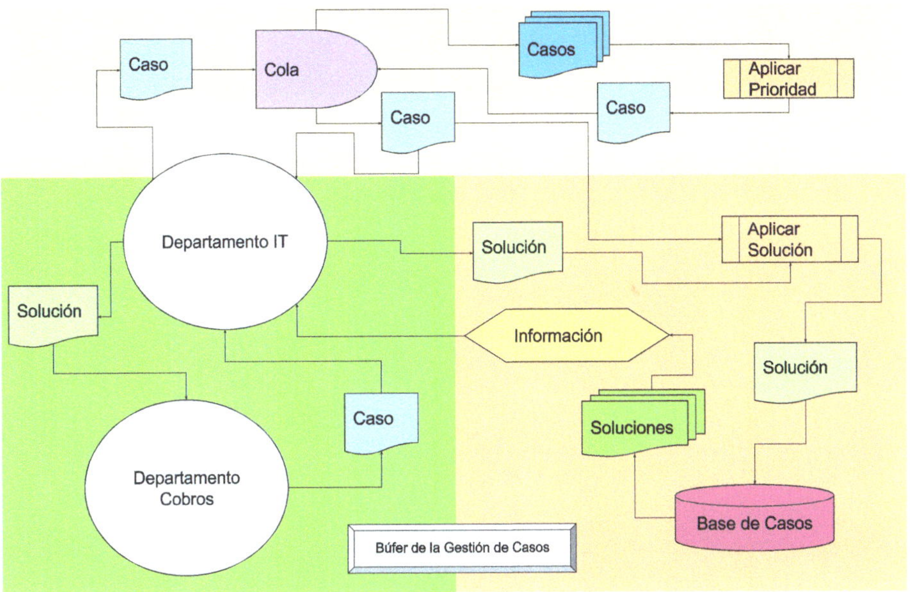

Fig. 1.5.1 Representa el proceso de gestión de casos del departamento en un sistema de cola o búfer. Todo comienza con la entrada del caso desde el departamento de cobros, en el área verde del diagrama. El caso es introducido en el sistema de cola adjunto a otros casos y se estudia la prioridad de cada uno. La aplicación de la prioridad se hace en el área de fondo amarillo en el gráfico. Nótese como el cúmulo de casos entran al proceso "Aplicar Prioridad" y sólo uno sale. Dicho caso es pasado al departamento de informática como el caso primordial a trabajar. También se envía dicho caso al proceso de "Aplicar Solución" que se encuentra en el área naranja del gráfico. En esta parte el proceso se nutre de la solución enviada por Informática al mismo una vez se ha estudiado la información sustraída de la Base de Casos. Se observa como de la Base de Casos salen todas las soluciones aplicadas anteriormente, las cuales son estudiadas en forma de Información. El proceso "Aplicar Solución" es ejecutado y la solución es almacenada para futuras referencias. La solución Aplicada es notificada al Departamento de Cobros.

Para eso es necesario un sistema de comunicación efectivo y un sistema de gestión centralizado, el cuál puede ser basado en controles estrictos o en controles flexibles basados en la delegación de la gestión y la autonomía de unidades, haciendo énfasis en el conocimiento de procesos estándares para la consecución de objetivos.

La necesidad de control se basa en que se delega autoridad y gestión, pero no responsabilidad.

#Capítulo 1. Consideraciones. _

1.1.3 La Planeación.
La implementación de una nueva tecnología.

Generalmente se debe pasar por un largo proceso de análisis, diseño de sistemas, y programación, a la hora de optar por un sistema desarrollado internamente o para personalizar uno existente. Entonces:

¿Debe la planificación contemplar la instalación de un sistema nuevo genérico, o un sistema personalizado y adaptado a la empresa?

Existe siempre la posibilidad de implementar un sistema informático que automatice las operaciones manuales de la empresa. Entonces:

¿Debe el sistema informático ser implementado en paralelo al manual en toda la empresa o debe eliminarse el sistema manual por áreas y complementar con impresión de reportes y formularios físicos?

1.1.3 La Planeación.
La mejora de una tecnología vigente.

En la implementación de mejoras o cambios, los desarrolladores pueden intentar mantener el diseño del sistema original. Entonces:

¿Se puede tener cierta similitud visual entre el nuevo y el viejo sistema, con respecto a la interacción con el usuario?

¿Pueden los reportes y consultas ser similares, en el marco de lo posible, al anterior sistema?

¿Qué tanto se ha preparado a la empresa para el cambio?

1.1.3 La Planeación.

La obliteración de una tecnología obsoleta.

Las tecnologías, así como los sistemas informáticos, tienen un tiempo hábil de vida, que se acorta con cada modificación que se hace fuera del análisis original. Entonces:

¿Son todas las razones para eliminar un sistema o subsistema de índole financiero?

¿Qué tan necesarias son las funcionalidades o sistemas eliminados?

¿Es posible que tiempo después se vuelvan a instalar versiones actualizadas de los sistemas eliminados?

1.2.3 La Organización.

Horizontal vs. Vertical.

¿Cuál enfoque es más eficiente para un equipo de informática?

¿Debe el equipo de informática tener un enfoque diferente al resto de la empresa?

¿Debe el enfoque ser cambiado en caso de no mostrar resultados?

[SISTEMAS]

Parte 1

Capítulo 2

En este capítulo, realizaremos una serie de ejercicios, a modo de simulación, relacionados a la administración informática, llevando una correlación parte por parte con los diversos conceptos presentados en el capítulo anterior. Cada uno de estos ejercicios será llevado a cabo a detalle y al final de cada capítulo el lector será capaz de replicar dichos procesos, y medir lo aprendido.

[SISTEMAS]

2.0. La Gestión Informática.

Comencemos por no confundir al administrador de informática con el gestor del sistema. El gestor del sistema actúa a nivel computacional, adecuando el mismo a las necesidades cambiantes de la empresa. El administrador de informática tiene a cargo todo el departamento de informática, y debe funcionar a nivel administrativo, aunque tenga deberes específicos de tecnología.

Los requerimientos de ser administrador de informática fueron un poco exagerados al principio del capítulo anterior; sin embargo, todo tiene una razón. El administrador de informática es visto como un administrador de bajo nivel al cual también se le puede endosar todos los procesos de un equipo entero, el cual casi siempre no pasa de dos.

Para poder realizar los deberes asignados, el administrador debe tener bien clara la forma en cómo va a trabajar, cómo va a ser la organización de su departamento, los roles a desempeñar y tener a mano una descripción detallada de todo lo que debe ser y tener el departamento. Éste debe tener claro qué enfoque usará a la hora de asignar las tareas y organizar el departamento.

En un principio el departamento no es un departamento, es un equipo de dos o tres a lo mucho con asignaciones que tienen delimitación borrosa, en las que el mismo administrador debe colaborar. Aun así, la empresa y los demás departamentos no entienden ese punto, y es deber del administrador

Vamos a tratar tres situaciones dadas, orientadas a la planificación informática:

•Procesos operacionales externos al departamento que necesitan soporte tecnológico

•Reformulación de estructuras departamentales internas.

•Manipulan tecnologías de hardware o software.

2.1.1. Procesos Operacionales Externos.

Para encajar la gestión interna con los procedimientos de servicio y soporte, es necesario agotar un esquema de pasos organizados que deben cumplirse a cabalidad.

Los pasos a seguir en esta situación son:

Recolección de información

- •Identificación de los equipos involucrados.
- •Identificación de los líderes de áreas.
- •Recolección de información sobre el proceso: técnica, financiera, operativa.

División del Proceso

- •Modularización de procesos por etapas.
- •Calendarización de la actividad en subactividades.
- •Asignación de procesos técnicos.
- •Coordinación operativa.

Coordinación de insumos externos al departamento

- •Equipos y tecnologías.
- •Soporte financiero.
- •Asistencia operativa.
- •Inteligencia operativa.

Entrega del proceso.

Soporte al proceso.

Vamos a tratar tres situaciones dadas, orientadas a la planificación informática:

•Procesos operacionales externos al departamento que necesitan soporte tecnológico

•Reformulación de estructuras departamentales internas.

•Manipulan tecnologías de hardware o software.

2.1.1. Procesos Operacionales Externos.

Para encajar la gestión interna con los procedimientos de servicio y soporte, es necesario agotar un esquema de pasos organizados que deben cumplirse a cabalidad.

Los pasos a seguir en esta situación son:

Recolección de información

- •Identificación de los equipos involucrados.
- •Identificación de los líderes de áreas.
- •Recolección de información sobre el proceso: técnica, financiera, operativa.

División del Proceso

- •Modularización de procesos por etapas.
- •Calendarización de la actividad en subactividades.
- •Asignación de procesos técnicos.
- •Coordinación operativa.

Coordinación de insumos externos al departamento

- •Equipos y tecnologías.
- •Soporte financiero.
- •Asistencia operativa.
- •Inteligencia operativa.

Entrega del proceso.

Soporte al proceso.

2.0. La Gestión Informática.

Comencemos por no confundir al administrador de informática con el gestor del sistema. El gestor del sistema actúa a nivel computacional, adecuando el mismo a las necesidades cambiantes de la empresa. El administrador de informática tiene a cargo todo el departamento de informática, y debe funcionar a nivel administrativo, aunque tenga deberes específicos de tecnología.

Los requerimientos de ser administrador de informática fueron un poco exagerados al principio del capítulo anterior; sin embargo, todo tiene una razón. El administrador de informática es visto como un administrador de bajo nivel al cual también se le puede endosar todos los procesos de un equipo entero, el cual casi siempre no pasa de dos.

Para poder realizar los deberes asignados, el administrador debe tener bien clara la forma en cómo va a trabajar, cómo va a ser la organización de su departamento, los roles a desempeñar y tener a mano una descripción detallada de todo lo que debe ser y tener el departamento. Éste debe tener claro qué enfoque usará a la hora de asignar las tareas y organizar el departamento.

En un principio el departamento no es un departamento, es un equipo de dos o tres a lo mucho con asignaciones que tienen delimitación borrosa, en las que el mismo administrador debe colaborar. Aun así, la empresa y los demás departamentos no entienden ese punto, y es deber del administrador

UnSketch es un equipo de tres, y le toca agenciar el funcionamiento de un proceso dentro de la empresa donde trabajan y cuentan con poco tiempo.

Ésta es una empresa de servicios diversos, encargada de gestionar y poner en contacto personal talentoso con las empresas que los necesitan, además brindan outsourcing de seguridad física y de sistemas. Esta empresa está planificando llevar a cabo una feria del empleo, en donde se encontrarán cientos de prospectos, y empresas en busca de ellos. El equipo debe hacer realidad el soporte técnico para este evento, de tal manera que no fallen los sistemas o la tecnología. El equipo cuenta solamente con tres semanas para hacerlo. Debemos seguir los pasos antes mencionados para realizar este proceso.

1- Recolección de Información

Identificación de los equipos involucrados.

UnSketch debe primero recolectar información respecto a los departamentos que estarán presentes en dicha actividad.

- •En el mejor de los casos. Recursos Humanos tiene una lista tabulada con toda la información. Nombres, correos electrónicos personales, números de teléfono, entre otras informaciones de contacto estarán listas para agilizar todo el proceso.
- •En el peor de los casos. Nadie sabe nada. Los ejecutivos hablaron directamente con el departamento de informática, pensando que sólo se necesitarán sistemas de información. Ahora FC debe localizar a todos los presumibles incumbentes y llamarlos a acción. Nadie hace caso a FC. FC contacta al gerente general y éste le hace retroceder, mientras le dice que es responsabilidad de FC dicha tarea.
- •Siempre hay un tercer caso, el real. A pesar de que los dos primeros pueden pasar, generalmente toda iniciativa gerencial, tiene inicio en un equipo del mismo nivel. Esto significa que si

el gerente general gestiona dicha feria de empleos, es porque la idea surgió de un liderazgo superior hasta llegar a él. Este gerente identifica a su equipo administrativo con dicho proceso, el equipo informático es parte del personal que el gerente general comanda.

Si el primer caso no se cumple, el administrador debe usar a su personal para ir a manos llenas sobre el personal administrativo, primero contactando al gerente general en cuanto a detalles del proceso. En esta fase el único detalle importante es quiénes del personal estarán en la feria. El contacto por correo electrónico o teléfono no es recomendable en este caso, pues la gente omitirá dicho correo o dirá cualquier cosa para poder colgar.

FC sólo logró recolectar cierta información, pues el gerente general delegó el proceso de gestión de personal a Recursos Humanos. Freddy encontró una parte de la información al ir primero a dicho departamento y se enteró de que lo único que este departamento tiene son los nombres del personal interno de Recursos Humanos. El director de Recursos Humanos decidió quiénes irán al proceso de parte de su departamento. De acuerdo a Recursos Humanos los demás departamentos que irán son Relaciones Públicas y Mercadeo, y de acuerdo a rumores, también irá un sujeto desconocido del área legal, el cual pulula siempre por el área del lobby. Jade obtuvo todos los nombres del área de Relaciones Públicas, en donde le brindaron café. Mercadeo no la quiso atender porque estaban ocupados con algo de una feria de empleos. El sujeto desconocido inusualmente no estaba en el lobby.

El equipo de Informática, UnSketch, tiene la información casi completa. Las informaciones concernientes a Mercadeo y la persona faltante pueden recolectarse mientras se trabaja en pulir las que se tienen a mano.

Identificación de los líderes de áreas.

Esta es una fase que puede darse de forma veloz, pues se asume que el director departamental es el indicado contacto para gestionar información y coordinar esfuerzos. Sin embargo, hay que recordar que dentro de cada unidad y departamento, existe personal con talento y capacidad de cooperación y que, muchas veces, fungen como líderes interinos. Dicho esto, UnSketch tiene que indagar en cada departamento por la persona que puede brindar toda la cooperación requerida.

Recolección de información sobre el proceso: técnica, financiera, operativa.

Por defecto, un departamento que es movilizado a un proceso con el que ha sido involucrado, mueve toda su operación hacia éste. Pero no siempre es así. El equipo informático tiene que saber con exactitud qué operaciones moverá cada departamento. Todo proceso departamental incluido, lleva consigo los equipos electrónicos y computacionales requeridos para la tarea.

Con respecto a Recursos Humanos, Freddy indaga y descubre que los procesos de Recolección de Curriculum Vitae y Toma de Fotografías serán llevados al sitio de realización de la feria de empleos. Ciertos procesos asociados al Sistema de Información será ejecutados como son: Inclusión de Talento Humano, Reporte a Empresas y Publicación de Talentos.

En esta fase, Jade ha recolectado toda la información del departamento de Relaciones Públicas. Solo el proceso de Toma de fotografías estará presente en la feria, y será brindado por un estudio externo profesional que está asociado con el periódico semanal de la empresa. Para este proceso, Relaciones Públicas requiere que exista un servicio de internet abierto para el mejor transporte de las fotografías tomadas por el estudio fotográfico.

Mercadeo no ha dado señales de vida. Aparentemente este departamento está llevando a cabo una planificación aislada. Relaciones Públicas no ha podido contactar al director del departamento, el cual no ha estado en las instalaciones desde que se le asignó participación en la feria. FC, como director de tecnologías, ha hablado con el gerente general. El gerente llama al director de mercadeo, y no recibe respuesta. Sin duda este comportamiento es digno de sanción, sin embargo dado el poco tiempo asignado para la tarea, el gerente general asume que Mercadeo está ocupado agenciando para dichos menesteres. El gerente general le da a FC, la libertad de actuar en consecuencia. FC remite al gerente general, una comunicación escrita donde cita la situación con Mercadeo, y le explica su curso de acción para con este departamento. El gerente general aprueba con sello y firma sobre la misiva, y remite una copia firmada y sellada a FC. Con este documento en mano, FC notifica a su equipo que todos los procesos del Departamento de Mercadeo serán llevados a la feria. Sobre el sujeto del lobby, nada.

De toda esta recolección de información operacional, se resume que la siguiente tabla contiene todas las operaciones a realizarse durante la feria.

Departamento	Proceso
Recursos Humanos	• Recolección de Curriculum Vitae • Toma de Fotografías • Inclusión de Talento Humano • Reporte a las Empresas • Publicación de Talentos
Relaciones Públicas	• Toma de fotografías(Externo)
Mercadeo	• Todos los procesos del departamento.
Informatica	• Soporte

Tabla 2.1.1.a.

La tabla anterior muestra que Mercadeo llevará todos sus procesos a la actividad. Esta medida estuvo aprobada por la gerencia general. ¿Qué pasaría si la gerencia no hubiese aprobado una medida para este departamento?

La recolección operacional es seguida por la anotación de todos los equipos y recursos los cuales el equipo de Informática maneja. La recolección técnica hecha por UnSketch es la siguiente:

Departamento	Proceso	Recursos y Equipos
Recursos Humanos	• Recolección de Curriculum Vitae • Toma de Fotografías • Inclusión de Talento Humano • Reporte a las Empresas • Publicación de Talentos	• Todo los equipos computacionales del departamento. • Cámara • Red Local con acceso a Internet
Relaciones Públicas	• Toma de fotografías(Externo)	• Internet Abierto
Mercadeo	• Todos los del departamento.	• Todo los equipos computacionales del departamento.
Informatica	• Soporte	• Herramientas Del Departamento Tecnico en Sitio

Tabla 2.1.1.b.

Una vez terminada la delimitación de equipos, UnSketch vuelve al esquema operacional con la información de los equipos informáticos a utilizar. Hacen falta los elementos de soporte. Estos son plataformas y servicios, brindados por equipos que pueden ser de informática o no. En este caso, UnSketch se da cuenta que solo necesita soporte del equipo de mantenimiento de la empresa y unas cuantas administrativas para agilizar la adquisición de equipos nuevos. El resultado es la siguiente tabla.

Departamento	Proceso	Recursos y Equipos	Inmuebles y Servicios
Recursos Humanos	• Recolección de Curriculum Vitae • Toma de Fotografías • Inclusión de Talento Humano • Reporte a las Empresas • Publicación de Talentos	• Todo los equipos computacionales del departamento. • Cámara(Nuevo) • Red Local con acceso a Internet	• Mesa • Extensiones eléctricas • Cubiculo para fotografias
Relaciones Públicas	• Toma de fotografías (Externo)	• Punto de Acceso inalámbrico (Nuevo)	• Electricidad regulada con respaldo de baterías.
Mercadeo	• Todos los del departamento.	• Todo los equipos computacionales del departamento.	• Mesas • Extensiones eléctricas
Informatica	• Soporte	• Herramientas Del Departamento • Tecnico en Sitio	• Electricidad Regulada • Respaldo de baterías

Tabla 2.1.1.c.

La tabla anterior debe tomar en cuenta sólo lo necesario para colocar los equipos de informática y hacerlos funcionar. Todos los demás inmuebles, por ejemplo un bebedero, debe ser considerado por Recursos Humanos, Relaciones Públicas, Mercadeo o la misma gerencia. El trabajo corporativo es trabajo de equipo, y se tiene más que entendido que los detalles de este proceso deben ser cubiertos por los otros incumbentes, una vez se ha rebasado la etapa de implementación informática. La saturación del equipo informático con labores o responsabilidades fuera de lugar, lacera el buen rendimiento del equipo informático.

Ahora está la necesidad de saber quién es el departamento con el cual se diligenciara la adquisición de los inmuebles y servicios para esta actividad.

Recursos y Equipos	Inmuebles y Servicios	Involucrado
• Todo los equipos computacionales del departamento. • Cámara(Nuevo) • Red Local con acceso a Internet	• Mesas • Extensiones eléctricas • Cubiculo para fotografias	• Servicios Generales • Mantenimiento • Compras
• Punto de Acceso inalámbrico (Nuevo)	• Electricidad regulada • Respaldo de baterías.	• Servicios Generales • Mantenimiento • Compras
• Todo los equipos computacionales del departamento.	• Mesas • Extensiones eléctricas	• Servicios Generales • Mantenimiento
• Herramientas Del Departamento • Tecnico en Sitio	• Electricidad Regulada • Respaldo de baterías	• Servicios Generales • Mantenimiento

Tabla 2.1.1.d.

En esta tabla, tenemos la relación entre los recursos informáticos, los Inmuebles y servicios y los involucrados que los proveen. El involucrado es el personal que, sin ser usuario o proveedor del servicio, se hace indispensable a la hora de hablar de los elementos por los cuales el servicio funciona. En este caso, nuestro diligente equipo técnico no puede comprar una cámara, ni brindar electricidad desde el inversor, ni adquirir mesas. Servicios Generales, Mantenimiento y Compras, a pesar de no estar directamente relacionados con la actividad próxima, juegan el rol de involucrados y sin ellos el proceso de seguro se retrasara, o no se iniciará.

En este punto, basta con dar las especificaciones técnicas de los equipos a adquirir al departamento de compras, para iniciar la parte financiera del proceso.

Si no existiera un departamento de compras, UnSketch tendría que hacer la función de cotizar y buscar a los proveedores de tecnologías. Debería obtener cotizaciones de cada equipo tecnológico, en este caso, la cámara y el punto de acceso. Entonces someter las mismas a la gerencia financiera, para que esta hiciera su magia junto a la gerencia administrativa. Una vez aprobada dicha orden, el gerente informático FC, tendría que hacer la petición de los equipos al proveedor con orden de compra a mano, firmada y sellada por la gerencia financiera. Gracias al Usuario por el departamento de compras. Esta parte cubre el aspecto financiero de la recolección de información.

2- División del Proceso

Modularización de procesos por etapas.

En este paso la implementación de la actividad es dividida en porciones de la planificación. FC sabe que el equipo de informática está comprendido solo por tres, incluyéndose. Para hacer una planificación real, necesita incluir otros equipos que les asistan en la movilización de la tecnología. Servicios generales tiene 5 veces el personal de UnSketch, lo que lo hace el departamento idóneo para el trabajo. FC habla con Freddy y Jade, y los instruye para capacitar al equipo de Servicios Generales sobre el manejo y movilización de los equipos. Solo hay un pequeño inconveniente. FC no ha hablado con el encargado del área, y no sabe qué tan dispuesto estará a cooperar. FC podría hablar directamente con el gerente general, y éste a su vez con el encargado de servicios generales. Sin embargo, esto podría crear tensiones innecesarias. FC decide hablar directamente con el encargado de área sobre las necesidades para con la feria de empleos, y le enseña la siguiente tabla:

Departamento	Equipo	Cantidad	Estatus
Recursos Humanos	CPU	7	Fragil
Recursos Humanos	Pantalla	7	Fragil
Recursos Humanos	Teclado	7	Normal
Recursos Humanos	Mouse	7	Normal
Recursos Humanos	Impresora	2	Fragil
Recursos Humanos	Escáner	1	Fragil
Relaciones Públicas	CPU	1	Fragil
Relaciones Públicas	Pantalla	1	Fragil
Relaciones Públicas	Teclado	1	Normal
Relaciones Públicas	Mouse	1	Normal
Mercadeo	CPU	4	Fragil
Mercadeo	Pantalla	4	Fragil
Mercadeo	Teclado	4	Normal
Mercadeo	Mouse	4	Normal
Mercadeo	Impresora	3	Fragil
Mercadeo	Escáner	2	Fragil

Tabla 2.1.1.e.

FC le explica que hay 56 equipos a movilizar para la feria, los cuales después de movilizados deben ser ensamblados y hacer pruebas de su funcionamiento. FC enfatiza que sin su ayuda no podrán cumplir con la agenda. El encargado del área accede, y le asigna 4 de sus colaboradores. El director informático, solicita de éste que le asigne dos más para la tarea. El encargado de Servicios Generales le responde que hasta el momento tiene la agenda llena y que sólo puede asignarle esa cantidad, quizás después sea diferente le dice.

FC pone en contacto a Freddy y Jade con el personal asignado desde Servicios Generales. El equipo de Servicios Generales asignado a asistir a UnSketch es Raúl, Ramón, Federico y Roberto.

FC instruye a sus colaboradores inmediatos con el esquema de distribución de áreas.

Depto	Tarea	Equipo	Cantidad	Responsable
Recursos Humanos	Movilizar	PC	4	Freddy
Recursos Humanos	Movilizar	Monitor	4	Freddy
Recursos Humanos	Movilizar	Mouse	4	Freddy
Recursos Humanos	Movilizar	Teclado	4	Freddy
Recursos Humanos	Movilizar	Escáner	1	Freddy
Recursos Humanos	Movilizar	PC	3	Jade
Recursos Humanos	Movilizar	Monitor	3	Jade
Recursos Humanos	Movilizar	Mouse	3	Jade
Recursos Humanos	Movilizar	Teclado	3	Jade
Recursos Humanos	Movilizar	Impresora	2	Jade
Mercadeo	Movilizar	PC	2	Freddy
Mercadeo	Movilizar	Monitor	2	Freddy
Mercadeo	Movilizar	Mouse	2	Freddy
Mercadeo	Movilizar	Teclado	2	Freddy
Mercadeo	Movilizar	Escáner	2	Freddy
Mercadeo	Movilizar	PC	2	Jade
Mercadeo	Movilizar	Monitor	2	Jade
Mercadeo	Movilizar	Mouse	2	Jade
Mercadeo	Movilizar	Teclado	2	Jade
Mercadeo	Movilizar	Impresora	3	Jade
Relaciones Públicas	Movilizar	Monitor	1	Jade
Relaciones Públicas	Movilizar	Mouse	1	Jade
Relaciones Públicas	Movilizar	Teclado	1	Jade
Relaciones Públicas	Movilizar	Impresora	1	Freddy

Tabla 2.1.1.f. Con la esta distribución, ambos colaboradores de UnSketch tienen la misma cantidad de equipos a distribuir. La tabla es sólo una de varias, y en ésta sólo consta la movilización de los equipos tecnológicos.

El equipo debe realizar una serie de tareas relacionadas al movimiento y ensamblado del equipo. Antes de que Raúl, Ramón, Federico y Roberto entren en acción, UnSketch debe preparar el escenario para que ellos se desenvuelvan en un ambiente donde sólo deberán transportar equipos.

FC divide las tareas de la siguiente forma:

- Reunión previa.
- Etiquetado de equipos.
- Etiquetado de áreas de destino.
- Adecuación de áreas de Destino.
- Capacitación del personal asistente.
- Desensamblaje de los equipos.
- Ubicación de equipos
- Movimiento de equipos.
- Ensamblado.
- Pruebas.
- Entrega del Proceso.
- Soporte del Proceso.

Este listado de tareas es solo un bosquejo que se pule conforme se avanza en la interacción dentro y fuera del departamento. Hay que recordar que se cuenta con el soporte de Mantenimiento, Servicios Generales y Compras para alcanzar esta meta.

Calendarización de la actividad en subactividades, Asignación de procesos técnicos y Coordinación operativa.

Estos tres procesos suceden de forma simultánea. Hasta el momento solo han transcurrido tres días desde que informática comenzó a recopilar información de los departamentos. Se tiene a mano lo siguiente:

- Departamentos involucrados en la Feria de Empleos.
- Contactos Internos en cada departamento
- Equipos a movilizar y encargados de hacerlo
- Áreas de destino de dichos equipos.
- Personal asistente del departamento de Servicios Generales.
- Tareas a realizar para la movilización de los equipos.

Cuando la gerencia asignó a UnSketch el proceso de automatizar la Feria de Empleos, le dieron un tiempo límite de tres semanas, sin días de gracia de por medio. La unidad de medida para este proceso es el día. Por tanto, dado que la empresa trabaja de lunes a viernes, UnSketch tiene 15 días para hacer el trabajo. De estos 15 días, el equipo informático ha consumido 3 en la recolección de información. El director de Informática reúne a su personal y le muestra un esquema tentativo del cronograma de actividades.

- Reunión previa. 1 día.
- Etiquetado de equipos. 1 día.
- Etiquetado de áreas de destino. ½ día.
- Adecuación de áreas de Destino. 2 días.
- Capacitación del personal asistente. 1 día.
- Desensamblaje de los equipos. 1 día.
- Ubicación de equipos. 1 día.
- Movimiento de equipos. 2 días.
- Ensamblado. 2 días.
- Pruebas. 3 días.
- Entrega del Proceso. 1 día.
- Soporte del Proceso.

Actividad/Dia	1	2	3	4	5	6	7	8	9	10	11	12	13	14	15	Duración	Responsable
Recoleccion de Informacion																3	UnSketch/Personal Departamental
Reunión previa.																1	FC
Etiquetado de equipos.																1	Freddy
Etiquetado de áreas de destino.																0.5	Jade
Adecuación de áreas de Destino.																2	Servicios Generales/Mantenimiento
Capacitación del personal asistente.																1	Freddy/Jade
Desensamblaje de los equipos.																1	Freddy/Jade
Ubicación de equipos.																1	FC
Adquisición Equipos																3	Compras
Movimiento de equipos.																2	Raúl/Ramón/Federico/Roberto
Ensamblado.																2	FC/Jade/Freddy
Pruebas.																3	UnSketch/Personal Departamental
Entrega del Proceso.																1	UnSketch/Personal Departamental
Soporte del Proceso.																	UnSketch

Tabla 2.1.1.g. Obsérvese cómo se solapan los procesos, llegando a ocurrir tres de ellos durante el mismo dia. Estos son realizados por diferentes personas el mismo dia o por la misma persona en diferentes momentos del dia. Los departamentos de Compras, Servicios Generales y Mantenimiento llevan a cabo parte de la labor en el renglón que les corresponde. Si compras no llegara a adquirir los equipos, el proceso se vería seriamente afectado. El soporte del proceso se lleva cabo durante la entera duración de la actividad.

Jade le resalta a FC que la cantidad de días en el cronograma es mucho mayor al tiempo asignado. FC le responde que las actividades en la lista se dan de forma simultánea, lo que da oportunidad a que tres actividades máximo sucedan al mismo tiempo. El resultado es la siguiente tabla.

La tabla 2.1.1.g establece el tiempo a utilizar en cada subtarea. Si se tienen fechas específicas, el administrador informático puede asignarlas. En este caso el tiempo es muy corto, menos de un mes, por tanto no es necesaria la asignación de fecha. Se debe utilizar el formato de tabla 2.1.1.f para la distribución específica del manejo de equipo tecnológico por personal. Dicha tabla especifica el proceso "Movilizar", que implica que los responsables dirigirán a los colaboradores asignados a los equipos que deben ser movidos. Según el cronograma de la tabla 2.1.1.g, esta tabla de movilización de equipos va precedida por la tabla 2.1.1.h.

El proceso de ubicación de equipos, que se observa en la Tabla 2.1.1.g, consiste en la anotación de la ubicación original de los equipos para ser devueltos a esta misma locación. También consiste en la corroboración del lugar de destino de cada equipo computacional.

Depto	Tarea	Equipo	Cantidad	Responsable
Recursos Humanos	Desensamblar	PC	4	Freddy
Recursos Humanos	Desensamblar	Monitor	4	Freddy
Recursos Humanos	Desensamblar	Mouse	4	Freddy
Recursos Humanos	Desensamblar	Teclado	4	Freddy
Recursos Humanos	Desensamblar	Escáner	1	Freddy
Recursos Humanos	Desensamblar	PC	3	Jade
Recursos Humanos	Desensamblar	Monitor	3	Jade
Recursos Humanos	Desensamblar	Mouse	3	Jade
Recursos Humanos	Desensamblar	Teclado	3	Jade
Recursos Humanos	Desensamblar	Impresora	2	Jade
Mercadeo	Desensamblar	PC	2	Freddy
Mercadeo	Desensamblar	Monitor	2	Freddy
Mercadeo	Desensamblar	Mouse	2	Freddy
Mercadeo	Desensamblar	Teclado	2	Freddy
Mercadeo	Desensamblar	Escáner	2	Freddy
Mercadeo	Desensamblar	PC	2	Jade
Mercadeo	Desensamblar	Monitor	2	Jade
Mercadeo	Desensamblar	Mouse	2	Jade
Mercadeo	Desensamblar	Teclado	2	Jade
Mercadeo	Desensamblar	Impresora	3	Jade
Relaciones Públicas	Desensamblar	Monitor	1	Jade
Relaciones Públicas	Desensamblar	Mouse	1	Jade
Relaciones Públicas	Desensamblar	Teclado	1	Jade
Relaciones Públicas	Desensamblar	Impresora	1	Freddy

Tabla 2.1.1.h. Esta tabla, en orden cronológico, sucede antes que la tabla 2.1.1.f.

3- Coordinación de insumos externos al departamento.

Con el cronograma en mano, se procede a contactar a cada involucrado para detallar los compromisos para con el proceso a realizar.

Equipos y tecnologías.

Los equipos computacionales y las adecuaciones necesarias levantadas en fases anteriores, se toman en cuenta en una conversación verbal o escrita, de forma personal o remota. Cualquier canal utilizado en esta fase es bueno, siempre que exista reciprocidad o respuesta de cada mensaje emitido.

Deben detallarse:

- •Elementos de Soporte.
- •Electricidad Regulada.
- •Soporte de Electricidad.
- •Inmuebles.
- •Locación y espacio de instalación.
- •Soporte de Infraestructura.

Elementos de Informática.

- •Equipos a adquirir.
- •Equipos a Movilizar.
- •Soporte Informático.

Soporte financiero.

Debe existir un canal ágil de solicitud y respuesta, ante eventualidades con la actividad. FC debe dirigirse al gerente general, y destacar la importancia de una respuesta pronta ante la necesidad de adquisición de algún equipo informático o electrónico, y soporte por parte de otros departamentos de la empresa. En esta parte es donde el departamento de Compras juega un papel protagónico. El gerente financiero, se asume, estará más asequible a resolver cualquier necesidad de adquisición de equipos.

Asistencia operativa.

Esto ocurre desde varios pasos atrás, con la coordinación para la adquisición de equipos, asistencia por parte del personal de mantenimiento y Servicios Generales, Compras, Gerencia General, y Gerencia Financiera.

Debe hacerse lo posible porque cada interacción entre departamentos quede escrita, sólo para futuras referencias.

Inteligencia operativa.

No se debe confundir con la anterior. Las decisiones operativas no se toman de forma unilateral. Se trabaja en equipo, por ende, lo que tenga que decir uno de los involucrados debe tomarse en cuenta, y si es correcto actualizar el procedimiento para ajustarse a la nueva información. Es muy importante que la información fluya en todos los sentidos, de forma fluida y sin burocracia. De este transporte de información debe siempre quedar constancia escrita, para así poder medir la eficiencia de la gestión. Todos en equipo hacen posible la inteligencia operativa.

4- Entrega del Proceso.

La entrega del proceso conlleva tres pasos principales:

Ejecutoria: el proceso técnico es llevado a cabo con todo el personal involucrado y con los insumos a mano, o en camino.

Pruebas técnicas: las maquinarias y sistemas son probados en el terreno por viabilidad técnica, o sea, se verifica que todo el equipamiento informático funcione como es esperado.

Pruebas administrativas: cada equipo es probado por el encargado operativo, haciendo uso habitual del mismo. El equipo debe funcionar con la misma eficiencia de su lugar de origen.

La entrega del proceso sucede justo en medio de la coordinación de insumos y la fase de soporte. Esta entrega puede suceder por partes, departamento por departamento o equipo por equipo, siempre que cada uno logre su funcionalidad total al momento de la entrega y que no sean deterioradas por las entregas posteriores.

5- Soporte del Proceso.

El soporte se realiza de la misma forma que el brindado de forma regular, sin embargo a este hay que darle un grado mayor de prioridad. El soporte del proceso sucede de forma similar al soporte del servicio, al descomponer dicho proceso en un arreglo de servicios a los cuales hay que dar soporte. De ser necesario hay que dar mantenimiento habitual a las plataformas que sustentan los servicios. Para más detalles leer el capítulo tres.

2.1.2. Reformulación de Estructuras Internas.

UnSketch debe reformular su estructura interna para poder realizar una gestión adecuada.

Para la reformulación de la estructura de puestos ver 2.2. La Organización.

El departamento de informática debe reformular su esquema de actividades, ya que se intenta añadir un nuevo servicio al resto de la empresa, clientes finales y visitantes. El servicio de internet abierto, brindado durante la feria de empleos, será habilitado de forma permanente, pues los equipos adquiridos no están en uso y no existen políticas actuales de descargo. Para ver más sobre esta vertiente de la planificación hay que tomar en cuenta lo planteado en 2.3. La Dirección. El cambio de estructura interna debe siempre evitar el detenimiento de los procesos y servicios que se brindan dentro de la empresa.

2.1.3. Tecnologías de Hardware y Software.

La empresa donde UnSketch trabaja, está pasando por serios problemas con el manejo de sus clientes. El sistema está muy cargado y a la hora de consultarlos, el personal tiene que asistirse de búsqueda manual de los archivos, pues la computadora se queda congelada. El gerente general ha solicitado una solución a esta situación. FC le responde que el equipo informático de la empresa no puede resolver situaciones del sistema, ya que éste es mantenido por el equipo externo. El administrador informático propone adquirir una solución complementaria, que permita realizar esa función sin tener que necesitar la del sistema actual.

La funcionalidad central de esta tecnología gira en torno a la consulta de los clientes. El sistema debe ser poderoso ya que la base de datos de la empresa está compuesta sólo por clientes. Los candidatos y prospectos registrados son clientes que pagan un servicio premium por ser contactados por las empresas. Las empresas pagan un servicio similar por contactar a los más destacados. Las empresas fungen también como clientes de servicios informáticos y de seguridad. Estos servicios son adquiridos por las empresas, a las cuales se les venden los oficios de los candidatos que se ofrecen como personal subcontratado. Sin embargo el sistema actual tiene muchas otras funcionalidades de índole financiera y contable, de recursos humanos, de promoción y ventas, entre otras. La consulta de las informaciones de los clientes es solamente una pequeña parte de la funcionalidad, sin embargo, carga considerablemente la memoria del computador al hacer uso de más del 60% de la información de la base de datos. Esta información debe ser recopilada, formateada visualmente y muchas veces tabulada, sino también convertida en formato portable, susceptible a ser impresa o enviada por correo.

Escenario A._
La implementación de una nueva tecnología.

FC recomienda utilizar software gestor de clientes o CRM, en el cual hay que decidir de entre varias opciones. EGroupware y Sugar de la compañía SugarCRM encabezan la lista, ya que es con estos que FC ha tenido mayor experiencia. Sin importar cuál se escoja, UnSketch debe realizar una instalación que satisfaga las necesidades de consulta de la información de clientes.

Aspectos decisivos de la toma de decisiones:

Aspecto Técnico

El CRM por el que se decida la compañía, debe ser alimentado con las informaciones básicas de los clientes en una primera etapa. Esta alimentación puede darse de forma manual por los departamentos, o a través de varios archivos plantilla, generados en una hoja de cálculo de Excel u OpenOffice. El Departamento de Informática debe generar estos archivo para que los departamentos los llenen con la información pertinente. El CRM debe tener los módulos de carga para poder subir estos archivos. De no ser así, UnSketch debe estudiar la estructura de la base de datos y subir las plantilla con la información, una por una. Pasada la fase de cargado, a cada departamento se le debe otorgar un usuario genérico para consultar la integridad de la información. Una vez se corrobora dicha integridad, se lleva a cabo un levantamiento de usuario a ser integrados al sistema. Esta fase es la de gestión de servicios informáticos. Para pasos detallados ver el Capítulo 3: Administración de Servicios Informáticos.

Los CRM tienen aspectos positivos y negativos en su funcionalidad, los cuales puede heredar de la plataforma en la que funcionan.

Negativo:

- •Un gestor CRM es un software que se vale de tecnología web para funcionar.
- •Depende de la tecnología del navegador web.
- •Tiene limitaciones técnicas del manejo de la memoria.
- •Dependiendo de si la instalación es local o no, se necesitará de internet para hacer uso del mismo.

Positivo:

- •Se ejecuta desde cualquier computador sin necesidad de instalarlo.
- •No se necesita tanta memoria como con los sistemas de escritorio.
- •Es más fácil de actualizar.
- •Generalmente está basado en módulos incorporables.

Aspecto Operacional

El personal tendrá que aprender a utilizar sistemas basados en la web, los cuales tienen cierto tiempo de respuesta después que se ha iniciado un proceso con el mismo. Cada departamento tendrá dos pantallas, una la del sistema actual, y otra al del sistema nuevo CRM, que los asistirá en la gestión de las informaciones propias de los clientes. La gerencia debe ser la primera envuelta en este cambio.

Aspecto Financiero

EGroupware es un software de código libre, que su adquisición no genera ningún costo. Sugar en su versión open source es de gratis descarga, y existen decenas de módulos integrables.

El costo llega al momento que la gerencia decida llevar su información a servidores donde se de hospedaje a EGroupware o adquirir la versión comercial de Sugar y un subsecuente alojamiento del mismo.

Escenario B._
La mejora de una tecnología vigente.

En el segundo escenario la empresa decide contratar una mejora en el sistema actual. La mejora propuesta por el equipo de desarrolladores externos, consiste en un cambio en la plataforma de la base de datos. Dicho cambio requiere del traspaso de todas las informaciones de la actual a la nueva, sin embargo debe hacerse sin detener el funcionamiento del actual. En este escenario el departamento de informática brinda soporte al equipo externo para poder ejecutar las tareas en cooperación con los demás departamentos de la empresa.

Aspectos de este escenario:

Aspecto Técnico

El recurso más importante en este escenario es la información. El sistema contiene información valiosa que debe ser pasada al nuevo sistema.

Los requerimientos pueden variar y el equipo externo debe suministrar a

UnSketch dichos requerimientos, para poder actualizar las plataformas de hardware o software.

Requerimientos posibles:

- •Equipos.
- •Plataformas de red.
- •Redes eléctricas.
- •Respaldo eléctrico.
- •Actualización de software.
- •Actualización de hardware.
- •Licencias de software.
- •Licencias de hardware.

FC debe gestionar copias de seguridad de la información en cada paso, tanto de la base de datos actual como de la que se implementa.

La planificación del procedimiento de migración puede también afectar. Los errores de migración son una realidad en la que puede incurrir el equipo externo de informática, además de las diferencias de funcionamiento de la base datos. Este último factor podría requerir ajustes en el sistema, los cuales pueden incluir diversos cambios en los mecanismos de interacción con el usuario entre los que se cuentan la interfaz de uso.

FC ha reportado a la gerencia los cambios hechos en la interfaz de los usuarios de Recursos Humanos. También ha informado que este cambio requiere actualización en la documentación del sistema y entrenamiento inmediato a los usuarios.

Aspecto Operacional

Los departamentos deben recibir constantemente información respecto a la posible latencia o lentitud en el sistema, producto de las consultas y reportes hechas a la base de datos. El personal debe estar entrenado y al día sobre cada cambio llevado a cabo en el sistema.

Aspecto Financiero

Los costos varían de acuerdo al nivel de similitud en los requerimientos de la nueva base de datos.

Escenario C._
La obliteración de una tecnología obsoleta.

El ejemplo anterior no cumple con este escenario, pues las necesidades de la empresa sugieren la adquisición de un software complementario o el cambio de la base de datos. La adquisición del software complementario sustituye ciertos módulos del sistema vigente, mas no elimina al sistema ni al personal a cargo. El cambio de la base de datos sugieren la eliminación de la anterior, sin embargos los procedimientos asociados son mejorado o actualizados, no eliminados. La obliteración de la tecnología conlleva la remoción del sistema y la instalación de uno totalmente nuevo en la empresa.

2.2. La Organización.

El departamento de informática cuenta con serias dificultades a la hora de adquirir más personal. Esto muchas veces se debe a la equivocación de que el departamento de informática tiene mucho tiempo libre. En otros casos el mismo administrador informático es de culpar por esta idea errónea, dada la falta de organización interna o en la expresión ambivalente de los verdaderos fines de un departamento de este tipo. La tercera posibilidad yace en el mismo origen del equipo informático.

La empresa surgió formalmente constituida en tiempos en que los sistemas no eran requeridos y el papel encumbraba los escritorios y estanterías de las oficinas. Una aplicación fue notada por el hijo del dueño y la curiosidad lo llevó a forzar la baraja y adquirirla. Esta aplicación consistía en un manejador de hojas de cálculo que, con el uso, se convirtió en columna vertebral de la empresa. Pasó el tiempo y la aplicación perdió estabilidad, al haber rebasado el límite tolerado de tamaño por archivo de la aplicación y el límite memoria del computador.

Un amigo del hijo le recomendó al dueño adquirir un sistema de manejo de clientes, desarrollado por un ingeniero recién graduado. El sistema es excelente, dijo. Lo usan varias empresas, dijo. Sin embargo, dichas empresas no fueron nombradas. El dueño contactó al joven ingeniero y adquirió el sistema, el cual fue instalado en un mes. De hecho, fue instalado en una tarde, pero el entrenamiento del personal tomó todo el mes. Dicho sistema no tenía documentación, y la empresa decidió contratar al ingeniero para darle mantenimiento al sistema. Pasaron dos años, y el ingeniero tuvo que dejar el trabajo, ya que había obtenido una oferta en el extranjero como desarrollador de software. Desde entonces el departamento ha tenido tres directores. Todos ellos habían trabajado solos, sin más personal. Al salir el tercer director, la empresa se quedó sin gestión de sistemas. En ese momento, Recursos Humanos tenía que decidirse entre dos pasantes, sobre a cuál de los dos contratar. Dado que no tenían referencias, eran muy jóvenes y acababan de salir de pasantía, este departamento no podía decidirse entre los dos. El dueño de la empresa volvió a consultar al amigo de su hijo, el mismo que recomendó el sistema actual de la empresa. Dicho amigo le sugirió al dueño conservar a ambos. En el primer mes hubo discusiones internas que escalaron hasta la administración. Ambos discutían sobre quién era el jefe, y la administración no les podía responder. Recursos Humanos decidió entonces brindarle una oferta al amigo del hijo del dueño, quien era ingeniero en sistemas desde hacía cinco años. Éste aceptó bajo las condiciones, de que había que expandir el departamento al nivel que había obtenido la empresa, para poder realizar un trabajo eficiente; y que el departamento a cargo de él nunca estaría en responsabilidad de desarrollar software, ya que esto requiere de un volumen de personal y experiencia de desarrollo que llevaría la nómina del departamento a las nubes.

La empresa estuvo de acuerdo y, en la actualidad, FC es el primer director informático en trabajar con personal a cargo dentro de la empresa.

FC tiene la idea de un departamento organizado con enfoque vertical, semejante al de la empresa, y que incluya áreas mantenimiento, de redes, y de soporte.

La nómina de la empresa es sólo de incumbencia de recursos humanos y contabilidad, sin embargo, el ingeniero destaca esto porque una empresa que desee desarrollar su propio software, debe estar comprometida a adquirir al mejor personal para ello, al justo precio.

FC reconoce las siguientes aptitudes dentro del departamento:

Jade. Hace diseño gráfico a demanda dentro de la empresa, y para esto usa herramientas de código libre. Desea actualizarse y volver a programar web como lo hacía antes.

Freddy. Le gusta ensamblar y reparar computadoras. Le encanta trabajar con redes.

FC. Es programador web PHP y Android, tiene conocimientos de normalización de base de datos y maneja bases de datos relacionales como MySQL, PostgreSQL, SQL Server, y FileMaker.

La empresa, por su parte, hace uso de las habilidades de diseño adquiridas por Jade, para crear los panfletos, timbrados, calendarios y portadas de la empresa.

El esquema departamental actual muestra un conjunto de aptitudes y afinidades del personal, que contrasta con la labor llevada a cabo para la empresa. En un tercer lugar, existe la visión del director informático de cómo debe ser la estructura interna del departamento. Estas tres ocurrencias deben tomarse en cuenta al momento de organizar el departamento.

	Personal	Jade		Freddy		FC	
	Necesidades	Asignado	Aptitudes	Asignado	Aptitudes	Asignado	Aptitudes
1	Mantenimiento			X	X	X	X
2	Redes			X	X		X
3	Soporte					X	X
4	Diseño Gráfico	X	X				
5	Desarrollo Web		X				X
6	Mantenimiento Web		X			X	X
7	Base de Datos						X

Tabla 2.2. Aquí se puede observar la labor asignada dentro del departamento Informático versus las aptitudes y afinidades del personal.

El cuadro anterior muestra que FC tiene que dar mantenimiento a las computadoras, al servicio web, y soporte técnico al personal. No se toman en cuenta las actividades que tienen que ver con la administración departamental y la coordinación del soporte técnico por parte del administrador informático. FC tiene la convicción de que el desarrollo de software interno no dará resultados y que el costo es superior al beneficio obtenido.

2.2.1. El enfoque vertical de la organización departamental.

En la tabla 2.2, se observa el desarrollo web como actividad, y este aparece por dos razones:

- •Es una aptitud de dos integrantes del departamento de informática, Jade y FC.
- •Es una labor que deriva en otra, mantenimiento web, la cual es brindada por FC.

A pesar de que no hay planes de integrar un área de desarrollo web, toda aptitud y labor realizada al momento debe ser planteada en el cuadro.

FC observa un cantidad determinada de personal en cada área. Debe incluir áreas aún no planificadas como las de desarrollo web, para así asignarlas a mantenimiento web. El conteo de personal/actividades no debe incluir al administrador informático ni la gestión administrativa informática, a fin de tener valores reales de la independencia ejecutoria del equipo.

	Personal	Cantidad	
	Necesidades	Asignado	Estimado
1	Mantenimiento	1	2
2	Redes	1	2
3	Soporte	0	2
4	Diseño Gráfico	1	1
5	Desarrollo Web	0	1
6	Mantenimiento Web	0	1
7	Base de Datos	0	0

Tabla 2.2.1.a. Las labores administrativas no deben incluirse en este conteo. Obsérvese cómo se agrega un número uno (1) en la fila de desarrollo web, en el recuadro de personal estimado. Aunque no se tiene planes de un área de desarrollo web, se brinda soporte y mantenimiento al correo electronico y a una pagina hecha con un manejador de contenidos.

En el cuadro anterior observamos la cantidad de personal estimado para cada área, en contraste con la cantidad asignada o existente. Para la organización del área de informática, es necesario saber cuál necesidad tiene prioridad sobre las demás. En la tabla 2.2 muestra que FC brinda mantenimiento a las computadoras, al servicio web, y soporte técnico al personal. Sin embargo, debe existir personal informático que realice esas tareas mientras el administrador informático realiza su función de gestión. Es por esa razón que en el listado de personal asignado no se cuenta a FC como parte del personal que brinda dicho soporte.

Para poder ver más claramente la prioridad de cada área, añadimos color a la tabla.

Al momento se cuenta con un personal de tres: el administrador y sus dos colaboradores. El administrador realiza actividades de mantenimiento a las computadoras, al servicio web, y soporte técnico. Es necesario llenar esos

	Personal	Cantidad	
	Necesidades	Asignado	Estimado
1	Mantenimiento	1	2
2	Redes	1	2
3	Soporte	0	2
4	Diseño Gráfico	1	1
5	Desarrollo Web	0	1
6	Mantenimiento Web	0	1
7	Base de Datos	0	0

Tabla 2.2.1.b. Los recuadros rojos muestran áreas críticas o carentes de personal.

espacios con personal de soporte y mantenimiento técnico, para así poder concentrarse en la gestión de los demás servicios que el departamento brinda y tiene que brindar. Las áreas de prioridad aparecen en rojo, pero son sólo las áreas de mantenimiento web y soporte las que recibirán énfasis.

El siguiente listado muestra el esquema organizativo del departamento de informática de acuerdo al enfoque vertical:

Administrador informático

Área de Redes

•Cableado y redes físicas (1)

Área de soporte

•Asistente técnico (0)

•Mantenimiento de Hardware (1)

Área de Desarrollo de Software

•Desarrollo Web

Diseñador Gráfico (1)

Mantenimiento Web (0)

En el listado se muestran áreas en la que sólo un colaborador trabaja, y que éste mismo tiene que movilizarse a realizar tareas de otra área totalmente diferente. Se resume lo siguiente:

- •FC solicita la contratación de un (1) asistente técnico para el área de soporte, el cual debe tener tareas compartidas con Freddy en el área de mantenimiento de hardware.
- •FC delega en Jade el área de mantenimiento web, porque ésta y diseño gráfico son sub áreas de desarrollo web, y ella tiene afinidad con esta clase de desarrollo.

El siguiente listado es virtual, porque las áreas son cubiertas con menos personal que las áreas existentes. Sin embargo, el trabajo es más relajado que en el listado anterior.

Administrador informático

- Área de Redes
    - •Cableado y redes físicas (1)
- Área de soporte
    - •Asistente técnico (1)
    - •Mantenimiento de Hardware (2)
- Área de Desarrollo de Software
    - •Desarrollo Web
        - Diseñador Gráfico (1)
        - Mantenimiento Web (1)

En esta fase, el administrador informático puede dedicarse a gestionar recursos y servicios informáticos, con un equipo más dinámico.

2.2.2. El enfoque horizontal de la organización departamental.

En el enfoque horizontal, se requiere de una cantidad determinada de mentes trabajando para el cumplimiento del objetivo común, facilidad de movimiento interno y libertad en la toma de decisiones.

FC decide enfocar el departamento con una visión horizontal, más flexible y dinámica. Al revisar los objetivos de cada área resulta el siguiente listado:

Administración Informática

- Gestión de redes
    - •Establecer redes físicas y cableado.
- Gestión de soporte
    - •Asistir usuarios equipos
    - •Reparar equipos
    - •Dar servicio técnico a los equipos computacionales
- Desarrollar software y sistemas
    - •Desarrollar aplicaciones del entorno web
        - Diseñar recursos gráficos.
        - Diseñar interfaz de usuario web.
        - Brindar mantenimiento a página web.
        - Administrar correos electrónicos.

Cada una de estas tareas, requiere de un tiempo en la agenda y una parte del personal dedicado a dicha tarea. FC imagina a todo el personal de desarrollo de software web, que se mueve entre cada una de las tareas de su área, comparte información, aúnan esfuerzos y obtienen resultados. Después se da cuenta que Jade está sola en desarrollo de software web. No hay nada que coordinar, no hay reciprocidad ni cooperación. En gestión de soporte se puede llevar a cabo dicho enfoque, sin embargo no podría aplicarse al área de gestión de redes dado que el nuevo soporte de informática no tiene habilidades de esta índole.

Para aplicar este enfoque dentro del departamento, sería necesario borrar las líneas divisorias dentro del departamento y dejar sólo las tareas en forma de objetivos a cumplir.

Administración Informática

- Establecer redes físicas y cableado.
- Asistir usuarios equipos
- Reparar equipos
- Dar servicio técnico a los equipos computacionales
- Diseñar recursos gráficos.
- Diseñar interfaz de usuario web.
- Brindar mantenimiento a página web.
- Administrar correos electrónicos.

En este punto se debe hacer uso de las afinidades de cada colaborador, para crear puntos de convergencia con personal que no tiene a cargo dicha responsabilidad, pero que está dispuesto a cooperar. Se necesita un buen manejo de los conflictos.

Este enfoque sería implementable al cien por ciento, si el resto de la empresa fuera involucrado, y la gestión horizontal de la empresa permitiera servirse de otros departamentos técnicos similares, a la hora de buscar soluciones sin demasiada burocracia.

2.3. La Dirección.

OUTSource, empresa en la que trabaja UnSketch, recientemente ha definido unas cuantas de las variables empresariales que hacían falta.

Misión.

Ofrecer servicios de calidad en el área de subcontratación, enlaces de personal y contacto empresarial, con un alto concepto de eficiencia y tomando como punto de partida la discrecionalidad, el respeto y la integridad tanto en la gestión como en la administración de las informaciones de nuestros clientes.

Visión.

Ser líder en el área de outsourcing informático y contratación de personal, llenado las expectativas de nuestros clientes.

Clientes.

Empresas, personal talentoso, personal subcontratado.

Estas variables son cruciales dentro de la empresa para que cada departamento y unidad se identifique con ellas. Los intereses departamentales y los institucionales deben estar alineados para que los esfuerzos individuales tengan resultados de relevancia para la empresa. Los intereses institucionales son los resultados esperados del trabajo de cada grupo, unidad, equipo o departamento.

El departamento informático y los intereses de la empresa

Los intereses de la empresa y del departamento de informática se alinean cuando éste:

A-] Identificar el cliente del departamento, y los clientes de la empresa.

FC ha mostrado a su equipo que los departamentos internos deben ser tratados como clientes del departamento para lograr el objetivo de eficientizar el servicio. También les ha mostrado que los clientes de la empresa son también clientes del departamento, al ser usuarios de los servicios a los cuales UnSketch brinda soporte. FC decidió dejar el internet abierto, utilizado en la feria de empleos, como un servicio permanente a visitantes y empleados de la empresa. Ahora los visitantes también son clientes del departamento de informática.

B-] Identificar los procesos de los departamentos que utilizan tecnología.

Durante la feria de empleos, FC pudo identificar ciertos procesos departamentales, que hacen uso de tecnologías o servicios informáticos. Estos procesos deben ser reconocidos por UnSketch, de tal manera que en cualquier eventualidad, el área correspondiente pueda disparar el servicio sin necesidad de esperar orden de la administración informática. UnSketch debe seguir recolectando información de los departamentos con cada soporte brindado y actualizar el conocimiento del resto del equipo.

C-] Identificar los servicios brindados y sus involucrados internos y externos.

En la feria pasada UnSketch pudo identificar múltiples procesos y servicios que necesitaban de la gestión de otros departamentos dentro de la empresa. Servicios eléctricos y de adecuación, adquisición de equipos informáticos y de inmuebles, además de la identificación del personal que los brinda, ayudo a la adecuada gestión de la actividad. Este tema es ampliado en el capítulo tres.

D-) Identificar prioridades.

Las prioridades se desprenden de las responsabilidades que con más frecuencia realizan los colabores o las responsabilidades que podrían detener el funcionamiento de las áreas a las que ofrecen el resultado.

E-) Identificar el Árbol de Talentos.

Hasta este punto, FC identifica los siguientes talentos:

Jade. Hace diseño gráfico a demanda dentro de la empresa. Usa herramientas de código libre como Inkscape y Gimp. Usa Aptana para programar en PHP o dot NET. Su programación está un poco oxidada. Desea actualizarse y volver a programar web como lo hacía antes.

Freddy. Le gusta el hardware, ensamblar y reparar computadoras. Le encanta trabajar con redes: el despliegue de cables de red, colectores de red, puntos de acceso, enrutadores. No tiene afinidad con la configuración de equipos de red.

Samuel. El nuevo. Le gusta dar soporte técnico, en especial al departamento de mercadeo. Tiene conocimientos de hardware y Sistemas Operativos. Le encanta Linux Debian y todos sus derivados. No entiende

Area/Puesto	Clientes	Servicios	Procesos	Prioridades	Personal
Cableado y redes físicas	• Empleados • Clientes • visitantes	• Red local • Red abierta inalambrica	• Instalar cableado • Instalar equipos de redes • Configurar computadores • Configurar equipos inalámbricos • Configurar accesos a usuarios inalámbricos	• Conectividad • Servicio de Internet	Freddy
Asistente tecnico	• Empleados • Departamentos	• Soporte tecnico • Soporte remoto • Instalación de software	• Configurar computadores • Brindar soporte • Instalar aplicaciones configurar equipos de impresión y escaneo	• Soporte tecnico	Freddy
Mantenimiento de Hardware	• Empleados • Departamentos	• Reparación de equipos • Mantenimiento de equipos, • Instalación de sistema operativo, • Instalación de software	• Instalar sistemas operativos • Instalar aplicaciones • Configurar computadores • Configurar equipos de impresión y escaneo	• funcionamiento eficiente de los equipos	• Freddy • Samuel
Diseñador Gráfico	• Departamentos	• Diseño de panfletos, timbrados, calendarios y portadas	• Diseñar panfletos, timbrados, calendarios y portadas	• Diseño gráfico	Jade
Mantenimiento Web	• Empleados • Departamentos • Clientes	• Soporte y mantenimiento al correo electrónico • Soporte a la página corporativa	• Crear correos electrónicos • Mantener correos electrónicos • Crear listas de distribución de correos • Configurar servidor de correos.	• Correos electrónicos • Filtro de spam	Jade

Tabla 2.3. La prioridad filtro de spam en la última línea es inherente a la configuración del servidor de correos. Hay prioridades que no tienen que aparecer explícitamente en la lista de procesos, porque pueden ser el resultado de la suma de todas las actividades o una parte específica de una de las responsabilidades.

nada de redes.

FC. Es programador web PHP y Android, tiene conocimientos de normalización de base de datos y maneja bases de datos relacionales como MySQL, PostgreSQL, SQL Server, y FileMaker.

De la acción derivada de organizar el departamento, llevada a cabo durante la función de organización, se desprende un árbol estructural que aunado a lo antes expuesto puede brindar las actividades base a realizar por cada colaborador. La siguiente tabla brinda las informaciones respectivas a la situación de UnSketch.

2.4. La Coordinación.

Hasta ahora se ha logrado lo siguiente en UnSketch:

1. Conocer el rol de los departamentos dentro de la empresa.
2. Conocer los procedimientos de cada departamento.
3. Conocer el mecanismo burocrático interno en caso de existir alguno.
4. Identificar el árbol de talentos interno.
5. Crear una estructura interna departamental.
6. Establecer objetivos y procesos únicos por unidad interna.
7. Establecer puntos de convergencia entre las unidades internas.
8. Establecer puntos de convergencia entre las unidades internas y los departamentos externos a informática.
9. Delegar autoridad interna en cada unidad.

Los puntos 5, 6, 8 y 9 no se han cumplido del todo, y deben ser mejorados porque:

Punto 5. La áreas resaltadas en tabla 2.2.1.a y 2.2.1.b no han sido completadas.

Punto 6. La estructura es todavía precaria, los integrantes cumplen responsabilidades en más de un área.

Punto 8. Después de la feria de empleos, el conocimiento de la empresa por parte de informática ha mejorado. Sin embargo, faltan muchos departamentos por conocer internamente, los cuales no participaron en dicha actividad.

Punto 9. A pesar de ser una característica propia del enfoque horizontal, es una parte vital de la coordinación efectiva. A este punto le falta mejora porque hay muy poco personal, y el mismo necesita enfocarse demasiado en actividades técnicas operativas antes de poder enfocar en la parte de autogestión.

Para establecer una coordinación efectiva, el administrador informático debe pulir los puntos resaltados anteriormente uno por uno. Aun así, en el caso de la feria de empleos, FC logró llevar a cabo la coordinación de la actividad, desde el punto de vista técnico, con cumplir los primeros cuatro puntos.

Después de la actualización de la base de datos, OUTSource ha emprendido una serie de cambios que han derivado en múltiples canales operativos para realizar la misma tarea. Esto es resultado de un esfuerzo de entrenamiento precario. La solicitud hecha por FC, sobre la actualización de la documentación, no se ha realizado. Los módulos actuales del sistema son ambiguos, y varios eslabones de la línea gerencial pueden asumir distintas posiciones sobre una misma situación. Se puede observar a dos incumbentes realizar la misma solicitud al departamento de informática.

Antes de la actualización el gerente general autorizaba las expediciones financieras para la adquisición de equipos, después que el departamento de compras encontraba la cotización más apropiada. El gerente general solicitaba al gerente financiero crear la orden de compra, la cual era creada solo después de que éste revisará el presupuesto del departamento. La orden de compra era entonces enviada al departamento de Compras.

Ahora el gerente financiero autoriza dichas expediciones, después que el departamento de compras realiza indagaciones sobre varias cotizaciones, sin pasar por gerencia general.

El departamento de Contabilidad solicita la adquisición de una nueva computadora para un colaborador recién incorporado. Envía dicha solicitud a compras con copia a las gerencias general y financiera, e incluye a informática. Informática recopila información del equipo a adquirir, añade recomendaciones técnicas y las envía a compras con copia a todos.

Compras verifica las fuentes, compara y hace recomendaciones financieras con copias a las gerencias.

La recomendación es asumida por la gerencia financiera como aceptación y aprueba la cotización 1, enviando correo a informática y compras con adjunto de la orden de compras, después de revisar el presupuesto del departamento de Contabilidad.

La gerencia general aprueba la cotización 2, bajo las recomendaciones técnicas hechas por informática. Envía correo con la aprobación a compras y a gerencia financiera, sin embargo dicho caso fue archivado, y nunca tocó la bandeja de entrada de los correos de estas áreas.

Informática recibe los equipos de la cotización 1, los prepara y los entrega.

En este caso, FC no se enteró de la divergencia sucedida, tampoco ninguno de los departamentos. Esto sucedió porque la coordinación institucional fallo a falta de documentación actualizada del sistematiza de información. Es bueno saber que el sistematiza de información se compone del sistema de computación, el personal de la empresa y la documentación.

2.5. El Control.

FC ha estado recibiendo llamadas constantes por parte de los departamentos de la empresa, quejándose de un virus que ataca sus archivos de texto y documentos. El departamento de contabilidad es el más afectado. El antivirus parece no estar actualizado, y es necesario hacer este proceso uno a la vez, adjunto a la limpieza de cada computador. En el área de mercadeo, hubo una falla eléctrica y la mitad de las computadoras no inicia. La red parece haberse afectado, porque las que iniciaron no se conectan al sistema ni tienen internet.

En esta tarea, todo el personal tiene que unirse al grupo de asistentes.

FC parte del evento que afecta a toda la empresa, el virus. Así que el virus tiene prioridad uno. Dentro de la prioridad del virus, el departamento de contabilidad tiene prioridad sobre los demás departamentos. Luego está el evento que afecta a todo el departamento de mercadeo, el fallo de los equipos de red. Sobre el fallo de los equipos de red está el fallo eléctrico, el cual pertenece al departamento de mantenimiento. Luego de todo esto está las computadoras que no encienden, las cuales están últimas en prioridad.

Hay que poner todos estos casos en el orden que la prioridad amerita y todos los demás casos que lleguen introducirlos en una cola de asistencia. Es obvio que toma tiempo cada actividad, dentro de este tiempo se puede brindar servicio emergente a otros casos que suceden.

Virus-->1

- Contabilidad
- Mercadeo
- Gerencia General
- Gerencia Financiera
- Recursos Humanos
- Relaciones Públicas
- Cuentas por Pagar
- Cuentas por Cobrar
- Servicios Generales
- Mantenimiento
- Compras
- Informática

Red-->2

- Mercadeo

Encendido-->3

- Mercadeo

Fallo eléctrico-->4

- Mercadeo

Con este listado, FC debe crear una cola de atención para cada departamento. Aparentemente la prioridad la tiene el virus, ya que tiene a más departamentos afectados que los otros tres fallos. Sin embargo, los otros fallos pertenecen todos a un solo departamento, e involucra o podría involucrar a más departamentos.

Las prioridades se invierten, dado que los demás departamento de soporte tienen otras responsabilidades y FC hará uso del tiempo de estos. Ver Capítulo 3: Gestión de Servicios Informáticos.

Fallo eléctrico-->1

Mercadeo

Encendido-->2

Mercadeo

Red-->3

Mercadeo

Virus-->4

Mercadeo

Contabilidad

Gerencia General

Gerencia Financiera

Recursos Humanos

Relaciones Públicas

Cuentas por Pagar

Cuentas por Cobrar

Servicios Generales

Mantenimiento

Compras

Informática

Informática dispone de su propio tiempo para resolver la situación del virus, pero debe coordinar con otros departamentos y hacer uso exclusivo de su tiempo.

Prioridad 1: Fallo Eléctrico.

Requiere del departamento de mantenimiento y posiblemente del departamento de compras. Es un caso externo a informática, pero lo afecta directamente. La posibilidad de la inclusión de dos departamentos externos a informática aumenta su prioridad.

Prioridad 2: Encendido.

Los equipos que no encienden deben ser revisados al tiempo que Mantenimiento brinda el soporte sobre la plataforma eléctrica. Los daños incurridos sobre los equipos involucran a compras.

Prioridad 3: Red.

Los equipos de red afectados por la electricidad involucran a compras para su adquisición. Una vez adquiridos, los equipos que sí pueden iniciar estarán restablecidos. Este paso debe darse al mismo tiempo que la revisión eléctrica.

Si sucede un caso que necesita asistencia de otro departamento además de Informática, éste tendrá prioridad sobre aquellos que sólo necesiten de Informática.

Prioridad 4: Virus.

Es el soporte que más tiempo toma, pero sólo involucra al departamento informático. Los computadores de Mercadeo que pueden encender deben ser atendidos por virus primero que los demás departamentos.

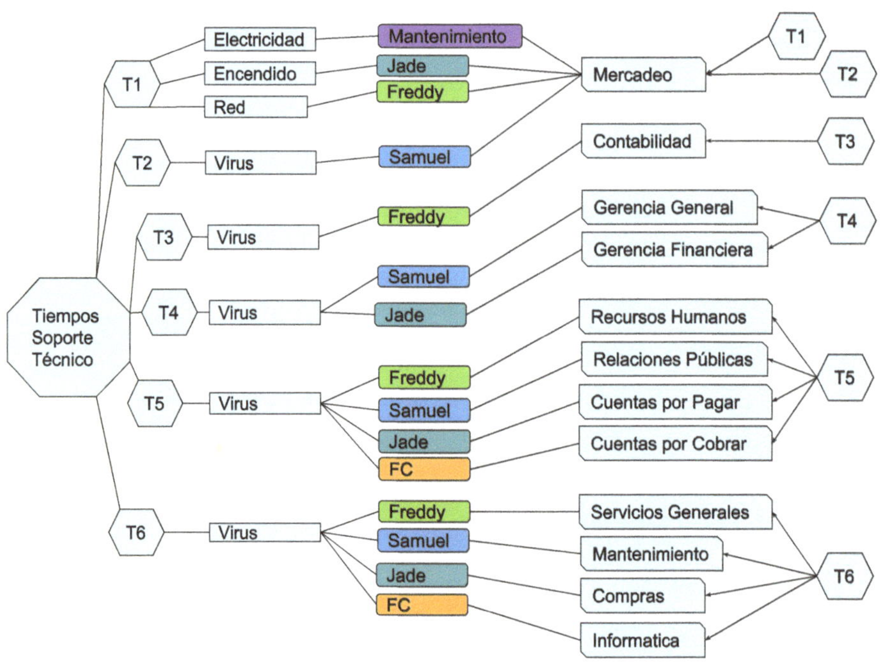

Fig. 2.5.En la gráfica, el tiempo 2 ó T2 puede ocurrir al mismo tiempo que T1 o después de T1, todo depende de la ocurrencia o no de otro caso.

El orden de prioridades antes establecido crea una cola de soporte que, sistemáticamente, soluciona todas las ocurrencias técnicas en la empresa. Si sucede algún otro caso durante la prioridad 4, dicho caso sólo tendrá mayor prioridad si involucra a otros departamentos.

#Capítulo 2. Consideraciones. _

2.1.1 La Planeación.

Procesos Operacionales Externos.

En el curso de la administración informática, uno de los mayores contratiempos es la informalidad de las solicitudes de soporte y la aleatoriedad con la que se generan Entonces:

¿Debe el equipo informático responder a las solicitudes informales con la misma prioridad que aquellas que se hacen por los canales establecidos?

¿Debe el administrador informático contemplar un plan de incorporación a eventos recurrentes no previstos?

2.3 La Dirección.

Cliente del Departamento. Clientes de la Empresa.

Los usuarios de servicios informáticos, son clientes del departamento de informática. Los empleados pueden rehusarse a utilizar ciertos servicios que son canales establecidos, por la Gerencia General, a todo lo largo y ancho de la empresa. Entonces:

¿Cuáles podrían ser las causas de tal comportamiento ante la utilización del servicio?

¿Se encuentra el departamento informático en las condiciones para resolver dichas causas?

¿Quién o quiénes deben empoderarse de la nativización del servicio, a fin de que los empleados pasen a ser sus usuarios?

[SISTEMAS]

Parte 2
Capítulo 3

Los servicios informáticos, de tecnología de la información o de IT, representan una de las fronteras de la gestión informática, y una de las más visibles, pues tiene impacto directo sobre el mundo interno y externo de la empresa.

La gestión adecuada de dichos servicios marca la diferencia entre la fluidez operacional e informacional, y el estancamiento de los procesos.

Los servicios son la abstracción de las necesidades operativas del personal, que se reflejan en las plataformas de los sistemas, aplicaciones y equipos.

[SISTEMAS]

3.0. Administración de Servicios informáticos.

El servicio es el proceso o conjunto de procesos que es susceptible a ser consumido por una o varias entidades consideradas clientes del mismo. Un servicio es constante y procede de una plataforma, a la cual se le da mantenimiento.

Ejemplos de servicio son el internet, la sistematización, el correo electrónico, la mensajería instantánea, entre otros.

Por otro lado, la plataforma es la tecnología de hardware o software que se utiliza como punto de partida para la ejecución del servicio.

Es un común pensar que el servicio recibe mantenimiento, cuando en realidad no es así. El usuario hace uso del servicio y el equipo de informática lo administra. El equipo de informática da mantenimiento a la plataforma y el usuario generalmente no tiene conocimiento de ella.

Éste se brinda para facilitar el trabajo y agilizar el desarrollo de una o varias tareas corporativas dentro o fuera de la empresa.

El servicio y su plataforma están vinculados muy estrechamente, de hecho uno no puede existir sin el otro.

Hay muchos tipos de servicios, y se puede distinguir tres factores importantes a la hora de diferenciarlos: información de acceso, plataforma en la que se monta y alcance de la plataforma.

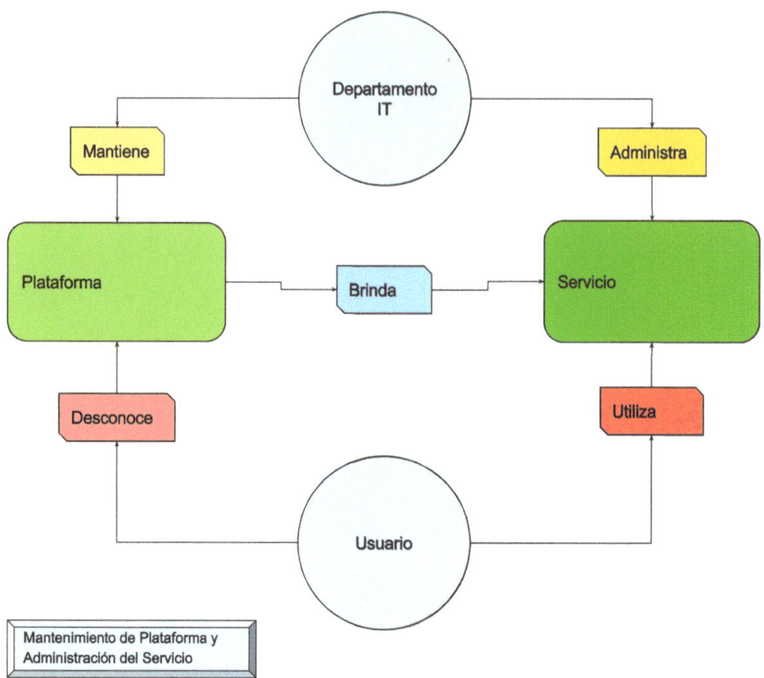

Fig. 3.0.1. El usuario hace uso del servicio y el equipo de informática lo administra. El equipo de informática da mantenimiento a la plataforma y el usuario generalmente no tiene conocimiento de ella.

A continuación se detallan dichos factores y los tipos de servicio.

A-) De acuerdo con la información de acceso:

Servicios privados.

Son los que brindan datos de acceso individuales para cada usuario. Los usuarios son contactados por vía telefónica o correo electrónico, y sus datos son suministrados uno a la vez.

Servicios comunes.

Los que se accesan con claves compartidas por varios usuarios. Generalmente la clave es publicada por canales restringidos o de acceso exclusivo, por ejemplo el servicio de correo en masa o un despacho de servicio al cliente.

Servicios públicos.

Los que se conforman sin datos de acceso. El usuario se conecta libremente tan pronto éste lo descubre.

B-) De acuerdo a la plataforma del servicio:

Servicios internos.

Son los que se instalan dentro del computador para ser utilizados en el mismo sin servirse a ningun otro. Un ejemplo es el servicio de agenda de actividades, siempre que no incluya sincronización remota.

Servicios de red.

Son los que se valen de la plataforma de red local para ser distribuidos. Las intranets y el servicio de sistematización centralizada son ejemplo de tales servicios.

Servicios externos.

Son los que funcionan gracias a plataformas abstraídas que están fuera de la red local. El Internet y las extranets son unas cuantas de las plataformas que brindan estos servicios. Sistemáticamente son similares a los servicios de red local. La diferencia aquí es que la gestión de accesos de usuario toma más tiempo, dado el mayor rango de la plataforma y el aumento de factores que intervienen en la transmisión de los datos. Los mecanismos de enlace pueden ser cableados o inalámbricos. En ambos, el tránsito de la información a través de conmutadores con los cuales sincronizar, representa uno de las factores de mayor consideración a la hora de optar por esta clase de servicios. En los enlaces inalámbricos se suman factores geográficos y ambientales como la humedad, la electricidad, y la distancia de recorrido de la señal. El ejemplo de la agenda de actividades, anteriormente citado, encaja en este tipo de servicio, cuando utiliza el navegador y no requiere instalación en la computadora.

Servicios híbridos.

Son los que utilizan una o más plataformas, las cuales pueden ser indispensables para estos funcionar. El servicio de agenda de actividades es híbrido cuando está instalado en el computador e incluye sincronización hacia un servidor en el Internet. Si la sincronización es opcional, se considera híbrido cuando está en uso, de otro modo se le considera interno. Los servicios que brinda el navegador de Internet son siempre híbridos, ya que está instalado en el computador y se sirve de otras plataformas como la de red o de servicios web internos como Apache.

C-) De acuerdo al alcance del servicio:

Servicios locales.

Los que se brindan desde plataformas que están al alcance físico del equipo de informática.

Servicios remotos.

En los servicios remotos, el Internet como plataforma es dispensable. Las redes remotas como las de área amplia y redes metropolitanas, son las que brindan estos servicios. El mantenimiento de estas plataformas suele ser llevado a cabo por equipos de informática foráneos, y cuando es brindado por equipos internos, es necesario viajar hasta la localidad en donde radica el servicio para dar mantenimiento a la plataforma. La condición remota de los servicios, se ajusta a los usuarios y a los administradores del servicio. El servicio de sistematización centralizada es un ejemplo de estos servicios, cuando es compartido entre varias sucursales. En esta categoría se encuentran servicios de acceso sensible como son los de Sistematización Centralizada, Compartición de Archivos y Compartición y Versionado de Documentos.

Ciclo de vida de las Plataformas y los Servicios.

Los datos de acceso, la plataforma y el alcance del servicio son factores que influencian en cada paso del ciclo de vida del servicio y su plataforma. Este ciclo de vida está dividido en dos grandes fases:

Fase de Implementación:

- Identificación de usuarios y necesidades de usuarios.
- Identificación de involucrados y sus elementos.
- Modelado del servicio.
- Instalación de plataforma.
- Adquisición de usuarios.
- Retroalimentación.

Fase de administración:

- Mantenimiento de usuarios.
- Mantenimiento de plataforma.

- •Administración del servicio.
- •Gestión de servicios redundantes.

3.1. Fase de Implementación

Esta fase es crítica para el futuro desarrollo y escalabilidad de los servicios.

Aquí se determina el modelo a seguir a partir de las necesidades captadas desde los usuarios. Se toma en consideración futuros cambios y mejoras, y se tiene como punto de referencia una gestión con múltiples planes para cubrir futuras contingencias. Se determina un modelo para la implementación de las plataformas de servicio, y un procedimiento que permita medir mediante pruebas que dicho modelo ha de funcionar.

3.1.1. Identificación de usuarios y necesidades de usuarios.

Éste es el primer paso de la fase de implementación de los servicios. Los usuarios son los clientes del servicio. Son el propósito de la instalación del servicio, y sin ellos no hay razón para iniciar estos procesos.

Las características principales del usuario son:

- •Conocen la existencia del servicio.

  Si un empleado realiza sus funciones sin conocer la existencia de un determinado servicio, no puede ser usuario de éste, hasta alcanzar las tareas que lo subordinan al uso de dichas tecnologías.

- •Conocen la naturaleza del servicio.

Todo usuario debe conocer la naturaleza del servicio que recibe y el canal, y al mismo tiempo diferenciar entre tecnologías similares en apariencia. Esto significa que un usuario del servicio de sistematización debe poder entender que cuando la plataforma de internet se interrumpe, el sistema informático sigue funcionando, porque el origen de dicho sistema no es el internet sino la plataforma de red local.

•Se identifican con él.

El usuario debe identificarse con el uso del servicio, de tal forma que todas sus funciones las realice por dicho canal, si este se lo permite. El usuario verdadero no busca vías alternativas al servicio, dado esto, a dicho usuario se le podría suspender el mismo y éste seguiría realizando sus labores de forma normal.

•Tienen al menos una actividad atada al servicio.

El usuario realiza actividades a través del canal que ofrece el servicio. Estas actividades son de índole corporativo, y por tanto satisfacen necesidades asociadas a las actividades de la empresa.

Pasos para la identificación del usuario de servicios:

El personal de un departamento y el de otro cuyas responsabilidades son complementarias son el punto de inicio para identificar las necesidades del personal. Cabe destacar que muy poco personal sabe identificar sus necesidades de servicio, por ende es necesario partir del quehacer diario de los empleados para moldear servicios que después pasan a ser vitales dentro de la empresa.

La identificación sistemática o de primer grado comprende los siguientes pasos:

•Identificar las tareas que empalman entre los departamentos y sus respectivas relaciones cliente-proveedor.

•Identificar a los involucrados en cada tarea.

- •Identificar posibles plataformas de entrega para cada tarea.
- •Tabular a los involucrados por tarea y plataforma.

El administrador de informática debe conocer la relación que existe entre los departamentos, en especial la que existe entre el departamento de informática y el resto de la empresa. El personal de una empresa comparte muchas características en común, en especial el que procede de un mismo departamento o el que comparte una misma línea de trabajo. Una vez se han identificado unos cuantos departamentos, tareas, servicios y usuarios, el proceso de adquirir los demás se facilita, pues el resto del personal tiene características comunes con al menos uno de los ya identificados como usuarios.

La identificación genérica o de segundo grado abarca al siguiente personal:

- •Usuarios de servicios de la misma índole.
- •Personal del mismo departamento o equipo.
- •Personal que recibe el producto o resultado del trabajo de un departamento usuario.
- •Personal cuyas responsabilidades complementan las de los usuarios activos.
- •Personal que comparte tareas con usuarios de primer o segundo grado.

Ejemplo. Se necesita identificar cuáles posibles servicios informáticos se pueden consumir dentro de la empresa. Se comienza por identificar las tareas comunes entre departamentos.

Listado A: Tareas de los departamentos.

Contabilidad,

•Enviar Pagos de Nómina

•Revisar Pagos

Cuentas por Pagar,

•Enviar Notificación de Pago

Cuentas por Cobrar,

•Enviar recibos de cobros

•Enviar Montos A Pagar
Recursos Humanos,
•Administrar Personal
•Gestionar Horarios
Departamento de Nóminas.
•Gestionar Horarios
•Crear Pagos de Nóminas

Listado B: Identificación Sistemática de los usuarios.
Plataforma de internet
Servicio de Correo Web
usuarios
•Contabilidad
•Cuentas Por Pagar
•Cuentas por Cobrar

Listado C: Identificación Genérica de los usuarios.
Plataforma de internet
Servicio de Correo Web
usuarios
•Recursos Humanos
•Departamento de Nominas
•Contabilidad

Listado D: El listado final.
Plataforma de internet
Servicio de Correo Web
usuarios
Identificación Sistemática
•Contabilidad
•Cuentas Por Pagar
•Cuentas por Cobrar
Identificación Genérica
•Recursos Humanos
•Departamento de Nominas
•Contabilidad

En el listado A se puede observar mucho la ocurrencia de la palabra "enviar", lo que denota un proceso en el cual hay un documento que es enviado. Este proceso necesita de un servicio que lo eficientice. El servicio que cubre este proceso es el correo electrónico, que debe ser montado sobre la plataforma de internet.

En el Listado B, con la identificación Sistemática, sólo tres departamentos usan el servicio de envío. Sin embargo, hay un departamento que comparte el proceso de envío de Pagos de Nómina de Contabilidad, el Departamento de Nómina. Este departamento no hace ningún envío aparente, pero dado que dicho documento inicia ahí, debe haber algún mecanismo para que llegue a Contabilidad. Por otro lado, las nóminas se realizan a partir del horario trabajado, horas extras, horas perdidas, entre otros. El proceso de gestionar horarios está compartido entre Recursos Humanos y el Departamento de Nóminas. Por deducción, el proceso de enviar pagos de nómina comienza con el proceso de gestionar horarios, y como resultado Recursos Humanos debe ser incluido como usuario del servicio. Esta inclusión final se observa en el listado C.

En el listado D podemos ver que Contabilidad está tanto en la identificación Sistemática como en la Genérica. Los procesos de envío son nuestro punto de referencia y deben seguirlo siendo a todo lo largo de la implementación del servicio. Todos los departamentos que llevan a cabo procesos de envío, se convierten en usuarios de primer grado o Sistemáticos. Todos los departamentos que se relacionan con los usuarios de primer grado, por un proceso o más, se convierten en usuarios de segundo grado o genéricos. En la identificación de estos últimos debe aparecer el departamento con el que se relacionan, como sucede en el listado D.

En el caso anterior Recursos Humanos y el departamento de Nóminas se adhieren a la lista de usuarios, porque cumplen con las tres últimas características del usuario de segundo grado:

•El departamento de Nóminas complementa las responsabilidades del departamento de contabilidad (Crear Pagos de Nóminas/Enviar Pagos de Nómina), al mismo tiempo rinde un producto a dicho departamento.

•El Departamento de Recursos Humanos Comparte una misma tarea con el Departamento de Nóminas(Gestionar Horarios)

3.1.2. Identificación de involucrados y sus elementos.

El involucrado es el personal que, sin ser usuario o proveedor del servicio, se hace indispensable a la hora de hablar de los elementos por los cuales el servicio funciona. Estos elementos son plataformas o servicios que pueden ser de índole informático o de soporte, y que pueden ser brindados por equipos internos o externos a la empresa.

Ejemplo. El departamento de mantenimiento, el de servicios generales, el de electricidad, planta física, son unos cuantos de los departamentos que brindan los elementos de soporte.

Ejemplo. Los proveedores de internet, los contratistas de sistemas externos, alojamiento web, servicios de dominio, alojamiento de archivos, empresas de redes, proveedores de equipos computacionales y de redes son unos cuantos ejemplos de involucrados que brindan los elementos de informática.

Los involucrados pueden ser internos o externos a la empresa, y esta condición no afecta la importancia de la gestión de los elementos

necesarios para iniciar o dar soporte a la plataforma de servicios.

La única condición que le da prioridad a un involucrado es la tasa de dificultad de acceso a sus servicios. Mientras más concurrido y difícil es el canal de acceso a un involucrado más prioridad debe dársele, para asegurar su presencia durante la gestión del servicio.

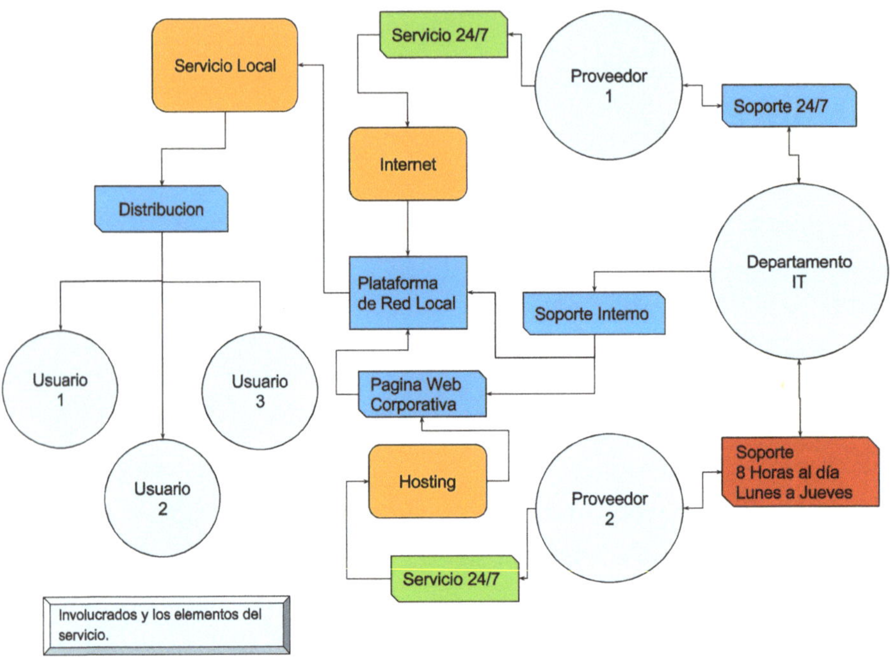

Figura 3.1.2.1. El departamento de informática da soporte interno a la plataforma de red local, en la que se distribuye un servicio compuesto por dos servicios, uno de internet y el otro de hosting para la página web de la empresa. Ambos tienen un servicio continuo las 24 horas, 7 dias a la semana. El Proveedor 1 brinda soporte interactivo de la misma forma, mientras que el Proveedor 2 tiene un rango más cerrado de horas y días para el soporte. El administrador de informática debe darle prioridad a este último, ya que el espacio para contactarlo es menor y la zona horaria podría ser diferente, lo que aumenta la dificultad de obtener el soporte.

Al principio definimos al involucrado como alguien diferente al usuario y al proveedor. En la gráfica anterior observamos al Proveedor 1 y al Proveedor 2, y los tratamos como involucrados. Esto es porque el proveedor del servicio ante los usuarios es el departamento de informática.

El administrador de informática debe tener a mano los datos de contacto de cada involucrado interno y externo, así como múltiples medios para alcanzarlos. Debe también asegurar canales de respuesta de alta prioridad en caso de emergencia extrema.

Los elementos a los cuales los involucrados dan soporte se clasifican en:

Elementos de Soporte.

- •Electricidad
- •Espacio físico
- •Adecuaciones

Elementos de informática.

- •De software.
- •De hardware

Cada uno de ellos tiene sus propias características, y varían de acuerdo al caso.

Los elementos de Soporte

Los espacios físicos de entornos informáticos y de sistemas son muy delicados. Los mismos deben contar con ciertas condiciones en sus elementos de soporte a la hora de iniciar su funcionamiento.

Electricidad: sistemas adecuados de aterrizaje, pararrayos, controles de voltaje, inversores, UPS.

Humedad: extractores de humedad.

Temperatura: aire acondicionado para el enfriamiento de los equipos.

Reservación: el espacio físico para los equipos informáticos debe estar libre de la presencia de agentes extraños, dígase papel, cartón, fundas plásticas, animales y seres humanos.

Control de pestes: cucarachas y otros insectos, ratas, ratones y demás roedores hacen estragos al roer el cableado o al dejar desperdicios en los equipos electrónicos, llevándolos a la condición de inservibles.

> Ejemplo. La empresa necesita la instalación de un internet abierto controlado por el departamento de informática. Este debe ser capaz de ser controlado en la velocidad suministrada y la cantidad de clientes que se conecten al mismo.
>
> Este servicio se respalda de:

Elementos de Soporte:

•Un sistema de respaldo eléctrico: Inversor o UPS.

•Un espacio físico adecuado: controles eléctricos, humedad, temperatura, reservado y libre de pestes

Elementos informáticos:

•Servicio de Internet.

•Un servidor o computador con doble tarjeta de red.

•Un Punto de Acceso de alto rendimiento.

La empresa no tiene un espacio para tecnologías adecuado, por tanto los elementos de soporte deben resolverse antes de siquiera comenzar las gestiones de los elementos informáticos.

El Administrador de informática contacta al departamento de servicios generales, el cual se encarga de adecuar el espacio con equipos básicos de control de plagas y extractores de humedad, y luego al departamento de electricidad. Éste hace las mediciones necesarias y decide que hay que comprar un inversor que dé respaldo eléctrico a los colectores de red, a los servidores actuales, a la computadora nueva y al punto de acceso nuevo. Este departamento cotiza un inversor y lo somete a estudio por parte de la gerencia administrativa.

En el ejemplo anterior nuestros involucrados y elementos de soporte son:

•Servicios Generales: control de plagas y extractores de humedad.

•Departamento de Electricidad: inversor.

•Gerencia Administrativa: autorización de adquisición de equipos.

•Compras (Tácito): adquisición de equipos.

Aunque no se mencionó el departamento de compras, se asume que al final de la gestión, la orden de compras sería hecha y ejecutada.

De cada elemento antes citado, es responsabilidad del Administrador de informática localizar al involucrado que brinda dichos elementos, antes de seguir con la gestión de los servicios en estudio.

Los elementos de informática

Una vez los elementos de soporte están al día con las necesidades tecnológicas, el administrador de informática debe identificar los elementos informáticos relacionados a los servicios y plataformas a instalar.

Para entender esto debemos localizar para cada servicio y plataforma su correspondiente elemento en un departamento interno a la empresa, y si no existe este departamento, buscarlo externamente.

Ejemplo. La empresa necesita la instalación de un internet abierto controlado por el departamento de informática. Este debe ser capaz de ser controlado en la velocidad suministrada y la cantidad de clientes que se conecten al mismo.

Este servicio se respalda de:

Elementos de Soporte:

*Un sistema de respaldo eléctrico: Inversor o UPS.

*Un espacio físico adecuado: controles eléctricos, humedad, temperatura, reservado y libre de pestes

Elementos informáticos:

Servicio de Internet.

Un servidor o computador con doble tarjeta de red.

Un Punto de Acceso de alto rendimiento.

**La empresa ya tiene los elementos de soporte de lugar.*

El Administrador de informática debe localizar al proveedor de servicios de internet que se ajusta a las necesidades de la empresa. Al buscar entre los planes de servicio de varias empresas, se da cuenta que es más práctico, aumentar la velocidad del internet que actualmente funciona en la empresa, y tomar una porción para el servicio de internet abierto. La red de la empresa fue instalada por una empresa externa, por tanto, el Administrador de informática cotiza los servicios de la misma empresa de redes.

Éste cotiza la computadora, la tarjeta de red, y el punto de acceso inalámbrico. Todas las cotizaciones son enviadas a la gerencia administrativa, la cual estudia el caso.

En el ejemplo anterior, nuestros involucrados y elementos de informática son:

- •Proveedor de Internet (Externo): aumento del ancho de banda del servicio de Internet
- •Proveedor de Equipos informáticos(Externo): computador y punto de acceso inalámbrico.
- •Gerencia Administrativa: autorización de adquisición de equipos.
- •Compras (Tácito): adquisición de equipos.

Nuevamente se asume la participación del departamento de compras.

Los elementos de soporte y los elementos informáticos pueden variar dependiendo de las decisiones de la gerencia administrativa.

3.1.3. Modelado del servicio.

El modelado de servicios es la estructuración del ciclo de vida del servicio, su modo de entrega, y su replanteamiento o sustitución, así como el mecanismo de transición futura para éste.

El modelado también comprende los mecanismos de prueba anteriores a la instalación definitiva.

Los pasos del modelado del servicio son:

La escogencia de la plataforma.

Es el paso inicial, y este se basa en las necesidades estructurales del servicio, tanto en hardware como en software.

Mecanismos de mantenimiento.

Cuáles tareas definirán el mantenimiento de la plataforma.

Prototipado.

Es necesario realizar la instalación de la plataforma más de una vez, a fin de constatar la capacidad de recrear el proceso. Si hay fallos durante la instalación o la corrida y dichos fallos no son localizables, reparables y fáciles de documentar, la plataforma debe ser sustituida por otra.

Pruebas.

Con éstas se puede verificar la capacidad de la plataforma, sus puntos pico, su estabilidad, confiabilidad, escalabilidad, y al final su replicabilidad.

Establecimiento de parámetros.

Se decide, a partir de las pruebas realizadas y el prototipado, las dimensiones de los atributos base de la plataforma. Esto permite conocer sus límites. La memoria RAM del equipo, espacio en disco, velocidad de la tarjeta de red, cantidad de puerto de red, tecnología de la conectividad, son ejemplos de parámetros de la plataforma.

> Ejemplo. La empresa necesita la instalación de un internet abierto controlado por el departamento de informática. Este debe ser capaz de ser controlado en la velocidad suministrada y la cantidad de clientes que se conecten al mismo.
>
> Este servicio se respalda de:
>
> Elementos de Soporte:
>
> *Un sistema de respaldo eléctrico: Inversor o UPS.
>
> *Un espacio físico adecuado: controles eléctricos, humedad, temperatura, *reservado y libre de pestes
>
> Elementos informáticos:
>
> **Servicio de Internet.
>
> **Un servidor o computador con doble tarjeta de red.
>
> **Un Punto de Acceso de alto rendimiento.
>
> **La empresa ya tiene los elementos de soporte de lugar.*
> ***La empresa ya tiene los elementos informáticos de lugar.*

Este ejemplo se desarrollará a continuación.

Proceso del Modelado del Servicio

Tomando el ejemplo anterior como punto de partida, se describe cada paso con su proceso.

Escogencia de Plataforma.

El Administrador de informática estimó el computador idóneo con Sistema Operativo Linux, con 4GB de RAM, 500GB de disco y un procesador de doble núcleo a 2.2GHz con 4 MB de caché. El punto de Acceso inalámbrico tendría estándares 802.11n/b/g wireless LAN. Se decidió aumentar el servicio de internet de 3MB a 10MB, reservar 7MB para la red interna y servir 3MB al servicio de internet inalámbrico.

Mecanismo de mantenimiento.

Software: Guardado de configuración a cada actualización de la configuración del sistema, reinstalación o actualización del Sistema Operativo y aplicaciones utilizadas, Restauración de la configuración anterior. Configuración del Punto de Acceso y guardado del archivo de configuración, usuario y clave. Actualización del software firmware del Punto de Acceso.

Hardware: Suspensión del servicio por 1 hora en caso de aumento de características como la memoria RAM. En caso de daño irrevocable del sistema, debe existir un segundo disco con la instalación original y una copia de la configuración al día del sistema operativo fuera del computador, preferiblemente en un servidor sincronizador de archivos.

Prototipado.

Se hacen dos instalaciones de prueba en dos discos diferentes de la misma computadora, y ambas resultan exitosas. Se instalan las aplicaciones de control del internet, y guardan las configuraciónes de cada una. Después se suben los archivos de configuración a un servidor de archivos sincronizados. Se documenta el proceso y se repite. Se pulimenta la documentación. No se hacen pruebas de corrida en este paso.

Pruebas.

Se encienden el computador y el punto de acceso en un área controlable. El punto de acceso debe ser visible solo por el personal que gestiona la prueba. Se verifica la conectividad. Se verifica la velocidad otorgada, la cual debe ser de 3MB, no más. Se configura el software de la computadora de acceso para otorgar el máximo de velocidad. Se verifica que la velocidad lograda sea de 10MB. Si la velocidad no cambia, se reinicia la computadora y el Punto de Acceso. Si no se logra dicha velocidad después del reinicio, se liberan los archivos cacheados del sistema operativo o del software proxy. Una vez corroborada la velocidad máxima, se devuelve a 3MB. Se permite la visibilidad del servicio de prueba. Se pone en el Punto de Acceso el identificador "Prueba", de tal forma que los que se conecten sepan que ese identificador no funcionara por mucho tiempo. Al generador de direcciones de IP se le asignan 10 direcciones de red. Una vez agotadas o tomadas por los usuario temporales, se le aumenta a 20, y treinta hasta tener una cantidad que no es ocupada totalmente. Se actualiza la documentación iniciada en el paso anterior con datos respectivos a la corrida, como son: número de clientes soportados, velocidad por cliente, tiempo de respuesta de las paginas, entre otros.

Establecimiento de parámetros.

Los datos tomados en la selección de plataforma, prototipado, y pruebas, sirven para alimentar este paso de forma inicial. Los datos de clientes soportados fueron variados por el Administrador de informática, ya que los clientes temporales conectados a la red aumentaron a 80. Esto disminuye la velocidad en tiempos pico a 38KB por cliente, y esto afecta la experiencia del usuario. El Administrador de informática decidió aumentar a 56KB la velocidad, lo permitiría una experiencia fluida de lectura de correo y navegación web. Para esto el Administrador IT tuvo que disminuir el rango de dirección disponibles a 54, lo cual brinda acceso de internet a esa exacta cantidad de usuarios.

El centro de todo el proceso es la documentación resultante y los archivos de configuración. Alrededor de estos giran los procedimientos de mantenimiento de la plataforma.

3.1.4. Instalación de la plataforma.

La plataforma es la tecnología que sirve como punto de partida para la ejecución del servicio. Está en contacto constante con el departamento o equipo de informática, pues es un elemento tecnológico que necesita supervisión y mantenimiento regular.

Las plataformas tecnológicas pueden ser de hardware o de software.

Las redes de computadoras tienen parte hardware, parte software. La parte de hardware está en los colectores de red(switches, routers, puntos de acceso), computadoras y servidores, mientras que el software están los programas que los hacen funcionar(software empotrados en los colectores de red, sistemas operativos y aplicaciones en las computadoras).

Los servicios y las plataformas están estrechamente vinculados y son inseparables, por tanto para conocer cuál es la plataforma hay que saber cuál es el servicio que se desea brindar.

La siguiente tabla muestra unos cuantos ejemplos de servicios y sus plataformas.

Servicio	Plataforma
Internet Inalámbrico Libre	Red Local, Punto de Acceso Inalámbrico
Internet inalámbrico controlado	Red Local, Punto de Acceso Inalámbrico, servidor proxy.
Internet cableado	Red local
Internet cableado controlado	Red Local, Servidor Proxy.
Correo web	Internet, servidor de hosting.
Mensajería instantánea	Internet, servidor de mensajería.
Sistematización centralizada	Sistema de Información, entrenamiento y mantenimiento.
Sistema de Información	Computación, Personal de la empresa, documentación.
Computación	Red Local, Servidores, Computadoras

Tabla 3.1.4.

Nótese los siguientes servicios:

A. Computación.

Aunque es un término obsoleto al aplicarse a los tiempos modernos, es perfectamente aplicable a los sistemas ausentes de intelecto humano. Obsérvese que las plataformas necesarias para este servicio son la red local, las computadoras y los servidores.

B. Sistema de Información.

Este servicio incorpora el servicio de computación como plataforma y le añade el personal de la empresa, además de la documentación pertinente. Un sistemas de Información, sin documentación, puede tomar cualquier desvío al ser utilizado por el personal de la empresa, el cual no tiene un guía rápida para responder sus preguntas sobre el uso adecuado de éste.

C. Sistematización centralizada.

La sistematización es un servicio que se vale del entrenamiento del personal y del mantenimiento constante del sistema. Un sistema que no se actualiza, se desfasa y sus procesos pierden utilidad para con las necesidades del mundo real. Un personal sin el adecuado entrenamiento es para la sistematización lo que la falta de documentación es para el sistema de información.

En los ejemplos anteriores se observa como un servicio se convierte en plataforma de otro de forma escalonada. Es muy importante tener claro cuando un elemento juega el rol de plataforma y cuando juega el papel de servicio, para así poder distinguir si hay que dar mantenimiento a la plataforma o soporte al servicio.

Con los elementos de soporte y de informática establecidos, con el modelo del servicio terminado y la documentación del mismo, sólo queda instalar la plataforma. Hay que recordar que los usuarios del servicio y sus necesidades de servicios ya están identificados, sin embargo no serán incluidos en esta parte del proceso.

Como fue citado anteriormente, los departamentos encargados de brindar los elementos de soporte deben jugar su rol antes de que el equipo de informática entre funcionamiento. Las tecnologías estudiadas para convertirse en la plataforma deben instalarse cuando se hayan satisfecho todos los requerimientos de soporte.

Una vez que los departamentos de soporte han terminado su parte, el equipo de informática debe hacer pruebas que ayuden a corroborar las condiciones del espacio y sus elementos de soporte.

Las condiciones deseables del espacio de tecnología fueron descritas en la sección 3.1.2 :

Electricidad.

Los equipos no deben apagarse nunca. El respaldo de energía instalado por el equipo de informática debe ser capaz de entrar en línea y no dejar que los computadores se reinicien con cada cambio del mismo. Es recomendable el uso de respaldo eléctrico True Online, con el cual la electricidad fluye directamente desde las baterías, sin necesidad de cambios entre la energía entrante y la de las baterías.

Humedad.

Debe haber mecanismos que garanticen la inexistencia de humedad en el área.

Temperatura:

Reguladores de temperatura como aires acondicionados que ayuden a enfriar los equipos.

Reservación.

Debe haber solo equipos computacionales en el área.

Control de pestes.

Las pestes deben ser repelidas por algún mecanismo de control de plagas.

Cuando estas condiciones se han cumplido, el equipo de informática está listo a instalar el servicio con las informaciónes anteriormente levantadas.

Todavía en esta fase el Administrador de informática está recolectando información sobre el proceso de instalación, y actualizando la documentación.

En esta fase es posible que se decida por cambiar algunas de las plataformas físicas, mejorar otras, cambiar de software o restringir aún más el acceso o reducir el número de usuarios.

Una vez instalada la plataforma se establece una segunda fase de pruebas. Esta es muy parecida a la del modelado del servicio en la sección 3.1.3, en donde el servicio se prueba restringiendo y luego liberándolo por partes incrementales hasta llegar al máximo soportado por éste antes de perder calidad. Cuando se alcanza este punto se procede a restringir el servicio hasta conseguir los parámetros esperados para su funcionamiento.

Una plataforma debe ponerse en funcionamiento sólo después de haber agotado todas las pruebas posibles, y recibir información suficiente que demuestre que dicha plataforma cumple con las siguientes características:

Estable.

La plataforma se mantiene funcionando sin importar la carga que la misma reciba. Podrá funcionar más lento conforme la carga se vuelve considerable, sin embargo seguirá funcionando sin lanzar errores.

Escalable.

Ésta debe ser capaz de crecer y mejorar sus características internas.

Replicable.

Debe ser capaza de poderse copiar tantas veces como sea necesario dentro de la empresa.

Confiable.

Sus resultados son siempre satisfactorios o predecibles.

Parametrizado.

Ninguna solución es infinita, por ende debe contener parámetros que predigan cuánto podrá crecer la solución y se pueda medir y saber cuándo es necesario reemplazarla.

Para la continuidad del servicio se considera buenas prácticas:

- Contar con instalaciones copia funcionales en discos internos de la misma computadora que brinda el servicio.
- Una o más computadoras idénticas a la que brinda el servicio, con la misma solución de instalaciones copias en disco.
- Almacenamiento remoto de archivos de configuración actualizados.
- Documentos actualizados del proceso de instalación de las plataformas.
- Equipos computacionales aparte para hacer pruebas a las actualizaciones de software, antes de integrarlas a los servicios en curso.
- Indagar entre los usuarios el desempeño del servicio.

3.1.5. Adquisición de usuarios.

La plataforma está instalada y el servicio funcionando, sin embargo falta la parte más importante, los usuarios.

El levantamiento de usuarios de forma sistemática y de forma genérica ha presentado los primeros usuarios con los cuales alimentar el servicio.

Hay que recordar que el levantamiento sistemático es el que se hace a partir de las necesidades del personal y las funciones que realizan, mientras que el levantamiento genérico nos muestra los potenciales usuarios a partir de las condiciones comunes con otros usuarios del servicio.

Con el listado de los usuarios, procedemos a incorporarlos al servicio. Este paso depende del tipo de servicio al que se enrole al usuario. Se considera que un empleado o cliente es usuario cuando:

- Recibe los datos de acceso.
- Cambia la clave de acceso.
- Hace uso del servicio.
- Se confirma dicho uso.
- Hace reportes de avería y quejas.

No todas las condiciones listadas anteriormente suceden, sin embargo en algún punto sucede una queja sobre averías o mal funcionamiento del servicio, lo que demuestra que el mismo está siendo utilizado. Cuando se confirma que el personal hace uso del servicio, es cuando se corrobora que los usuarios han recibido los datos de acceso. Sin embargo, esto no demuestra que los usuarios hayan cambiado su clave, un elemento de seguridad crítico.

La incorporación de usuarios sucede de forma distinta con cada tipo de servicio brindado:

A-) De acuerdo con la información de acceso:

Servicios privados.

Los usuarios deben ser contactados por vía telefónica, por correo electrónico o en persona, y sus datos de acceso suministrados uno a la vez. Cuando se hace contacto por correo electrónico es necesario enviar el mismo con confirmación de recepción. Esta confirmación no es constancia de haberlo entendido pero si de haberlo abierto aunque sea por error. En cualquier situación, al usuario debe instruirse a no compartir su clave ni mandarla por correo, ni siquiera al mismo equipo técnico.

Servicios comunes.

La información para acceder al servicio debe ser publicada por canales que permitan al público deseado hacer uso de la misma, mientras deja fuera a los demás. Dicha información debe ser cambiada de forma regular a fin de reafirmar la exclusividad del servicio. Una vez hecho el cambio, el público afectado debe ser notificado. El proceso de publicación de los datos de acceso debe repetirse de la misma forma anterior.

Servicios públicos.

Aquí lo único que hay que comunicar es la existencia del servicio, y el nombre del mismo en el caso de ser un servicio de difusión.

B-) De acuerdo a la plataforma del servicio:

Servicios internos.

Al ser instalados dentro del computador, su usuario se hace automáticamente usuario del servicio. Aun así, existen servicios que pueden necesitar autenticación local o validación de licencias de usuario, y por tanto el mecanismo de servicios privado aplica a este también.

Servicios de red.

Generalmente son servicios cuyos accesos se crean desde cualquier computador, sin embargo la forma de entregarlos varía dependiendo la estructura misma de la plataforma. Estos servicios también varían dependiendo de la forma de acceso, y la forma de enrolar a los usuarios aplica en cada subdivisión. Ver A-).

Servicios externos.

Los usuarios en esta clase de servicios son adquiridos de la misma forma que los de servicio de red, ya que tienen un canal similar a la red local. La información de acceso, sin embargo se encuentra fuera de la red local, lo que la hace alcanzable desde cualquier otra red. Se debe tener cuidado a la hora enviar la información de acceso por canales abiertos como el internet, pues un error de escritura podría brindar la entrada a usuarios no deseados.

Servicios híbridos.

Estos pueden estar instalados o no en el computador del usuario. Si el servicio es instalado en el computador, los usuarios pueden ser enrolados uno a la vez, como es el caso de los usuarios de servicios internos. Si están instalados fuera del computador, los usuarios son tratados como usuarios de servicios de red.

C-) De acuerdo al alcance del servicio:

Servicios locales.

los usuario de estos servicios deben habilitarse de la misma forma que los usuarios de servicios internos, servicios de red y servicios híbridos, mientras se ajuste la gestión a cada caso en particular.

Servicios remotos.

Los datos de acceso se deben brindar de la misma forma como se brindan los de los Servicios Privados por la sensibilidad de la información y los accesos.

3.1.6. Retroalimentación.

La retroalimentación es una etapa que sigue activa durante toda la existencia del servicio y consta principalmente de la perpetua actualización de la documentación y de los procedimientos de gestión del servicio.

El proceso de modelado del servicio detallado en 3.1.3 debe ser constante en esta etapa, a fin de que el mismo se mantenga vigente ante las mejoras, actualizaciones y cambios llevadas a cabo por los proveedores de tecnologías.

El proceso de modelado del servicio en la retroalimentación:

Plataforma: La plataforma está en constante prueba, tanto por los usuarios como por el equipo de informática. En el momento en que los usuarios presentan quejas sobre el servicio, es necesario reproducirlos en un ambiente controlado a fin de determinar si la plataforma necesita actualizaciones, mejoras o reemplazo.

Mecanismo de mantenimiento.

Software: La información respectiva al software debe ser actualizada al tiempo que surgen cambios importantes en las aplicaciones y Sistema Operativo de la plataforma, ya que estos en sí son responsables del funcionamiento del servicio.

Hardware: La suspensión del servicio por mantenimiento es inevitable en la mayoría de los casos, sin embargo es pertinente la existencia de un equipo similar a fin de poder ejecutar las operaciones mientras el servicio es ofrecido por una plataforma gemela. Los mecanismos de mantenimiento pueden sufrir cambios si el hardware es reemplazado, y por ello debe agotarse el proceso de modelado, antes de poner en funcionamiento un hardware nuevo.

Prototipado.

Basándose en las especificaciones de hardware y software, se deben hacer varias instalaciones del servicio, a fin de actualizar la documentación al respecto. Hay que recordar que en esta parte no se hacen pruebas de corrida del servicio.

Pruebas.

Estas son pruebas de corrida del servicio, y deben hacerse cada vez que se actualiza el software o el hardware de la plataforma.

Establecimiento de parámetros.

Los datos tomados en la selección de plataforma, prototipado, y pruebas, deben estar al día siempre, y cambian conforme se hace uso del servicio, se actualiza el hardware y software, aumenta el número de usuarios, surgen nuevas necesidades, surgen nuevas tecnologías.

En la retroalimentación, el proceso de modelado del servicio debe tomar en cuenta que hay usuarios vigentes que tienen tareas que dependen del servicio.

3.2. Fase de administración:

Esta fase sucede a todo lo largo de la vida del servicio, y se ejecuta con la última etapa de la fase anterior como trasfondo, o sea con la retroalimentación. A diferencia de la etapa anterior, en ésta las etapas no suceden de forma secuencial, sino a discreción del equipo IT y conforme aumenta la demanda del servicio.

La fase de administración abarca:

- Mantenimiento de usuarios.
- Mantenimiento de plataforma.
- Administración del servicio.
- Gestión de servicios redundantes.

3.2.1. Mantenimiento de usuarios.

Este proceso es por el cual se alimenta al servicio con los usuarios y sus niveles de acceso. En este capítulo no se tratará el tema de los niveles de acceso.

Este sucede de forma muy regular, y comprenden las siguientes tareas:

- Adquisición de usuarios nuevos.

•Remoción o deshabilitación de usuarios

•Reactivación de usuarios.

•Edición de datos de usuarios.

Cada una de estas tareas varía según las características técnicas de la plataforma y la arquitectura del servicio.

Este proceso puede contar con una interfaz proveniente del servicio, o proveniente de la vía de acceso al servicio.

3.2.2. Mantenimiento de plataforma.

Al igual que en el proceso de modelado, el mantenimiento de la plataforma puede ser de hardware y de software.

Durante el mantenimiento, es práctica recomendable desconectar la plataforma aunque no sea necesario, ya que los procesos que conlleva ésta tarea pueden reducir la calidad del servicio para el usuario.

Mantenimiento del Software.

En este proceso existen subprocesos que pueden variar en naturaleza, sin embargo la mayoría cabe en las siguientes categorías:

Actualización o Reinstalación de:

Aplicaciones.

Firmware de Equipos.

Sistemas Operativos.

Motor de Base de Datos.

Copias de seguridad de:

La Configuración de las Aplicaciones.

La Configuración de los Equipos.

El Sistema Operativo.

La Base de Datos.

Los Archivos

Mantenimiento del Hardware.

La complejidad de este proceso depende de si el equipo es reparable por el departamento de informática o no. Hay equipos electrónicos que no pueden ser reparados por el administrador de informática, a menos que quieran pasar de Técnicos o Ingenieros informáticos a Técnicos o Ingenieros Electrónicos.

> Ejemplo. El conmutador nuevo no inició, aunque el equipo de informática lo restableció de fábrica. El mismo fue enviado al fabricante donde de seguro lo reparara algún ingeniero electrónico y lo pondrán en venta como reparado.

El mantenimiento del hardware sucede generalmente en computadores de usuario y servidores. A los equipos conmutadores se les hace sustitución, sólo cuando sufren fallos físicos recurrentes, después de varios intentos de llevarlos a estado de fábrica.

Este proceso toma considerable tiempo y conlleva sacar la plataforma de funcionamiento. Por eso el administrador de informática debe planificar el reemplazo temporal del mismo con una solución similar, que afecte lo menos posible a los usuarios. Para esto se recomienda siempre la existencia de una plataforma gemela.

De acuerdo a la forma en que sucede el mantenimiento, se pueden clasificar en:

Calendarizado. Es el que lleva a cabo el administrador de informática de forma regular sobre las plataformas, y toma en cuenta los tiempos menos cargados del servicio.

A Demanda. Se lleva a cabo cuando algún evento externo a lo planificado para el servicio, interrumpe o lesiona su funcionamiento.

3.2.3. Administración del servicio.

El usuario tiene necesidades informáticas que los servicios satisfacen. El administrador de informática tiene plataformas que brindan estos servicios. Éste brinda mantenimiento a las plataformas y administra los servicios.

La administración de los servicios es la gestión de las necesidades que el usuario satisface con su uso.

Al administrar servicios hay necesidades que son susceptibles a ser catalogadas como:

Necesidades del usuario para con el servicio. Lo que el usuario quiere resolver con el servicio. El usuario tiene necesidades que espera satisfacer con el uso del servicio.

Necesidades del servicio para con el usuario. Lo que el servicio necesita que se conozca de él. El usuario debe tener un nivel mínimo de manejo de las tecnologías y el servicio necesita esto antes de que se le dé uso.

Necesidades nulas. Necesidades creadas por personal externo a los usuarios y al equipo de informática. Muchas veces pueden ser especificaciones técnicas u operacionales del desarrollador de la plataforma y que no afectan al personal usuario de la empresa en cuestión.

En estos tres casos hay que tener pendiente el origen de las necesidades, y apartar aquellas que caen en la categoría nula. Sin embargo hay que tomar nota de estas últimas, pues las mismas pueden ser la resolución de situaciones futuras de la plataforma.

Hay que destacar que los servicios son administrados a través de interfaces que brindan las plataformas, y que muchas veces son comunes con las de mantenimiento y con la de gestión de usuarios.

Estas interfaces pueden ser gráficas o no, y las mismas pueden requerir diferentes niveles de experiencia o conocimiento sobre las mismas.

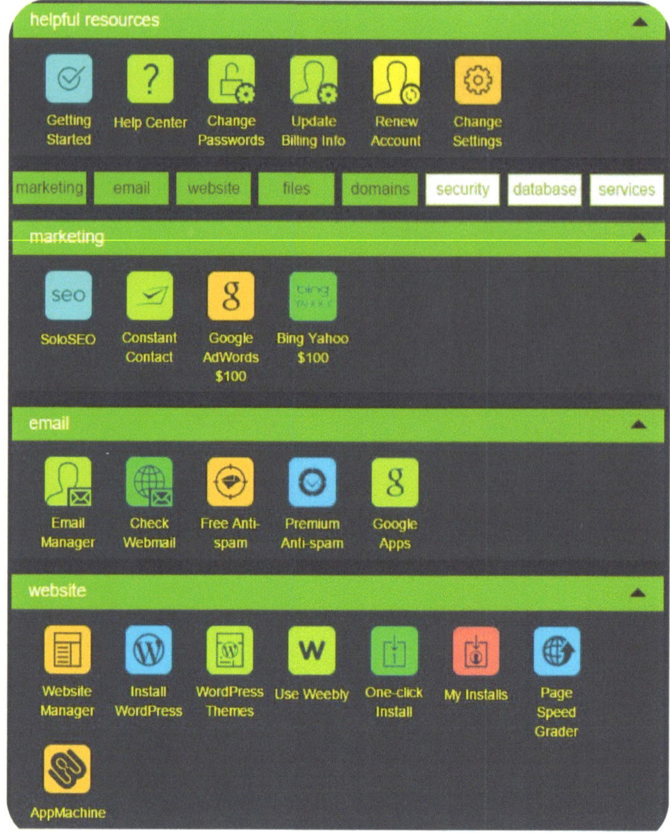

Fig. 3.2.3. Interfaz de gestión y mantenimiento de una plataforma de hosting, para el servicio de hospedaje de paginas web y correo.

3.2.4. Gestión de servicios redundantes.

Este proceso es de carácter obligatorio, ya que consiste en la persecución constante de la existencia de sistemas gemelos para todos los servicios. El equipo de informática debe realizar instalaciones redundantes similares o idénticas de cada servicio que esté en uso en la empresa.

Al presentarse una falla que requiere suspender el servicio, dicha plataforma redundante entra en funcionamiento. Este proceso es válido sólo si reduce al mínimo la interrupción del servicio para el usuario.

Por otro lado el equipo de informática debe antelar la desaparición de la plataforma como tecnología, y tener a mano una alternativa redundante y funcional.

Las plataformas redundantes gemelas son copias exactas del sistema instalado, mientras que las redundantes alternativas son instalaciones que cumplen con los requisitos de hardware y de software, al tiempo que brindan el servicio requerido con el mismo o mejor desempeño.

Las plataformas redundantes, alternativas o gemelas, tienen limitaciones a la hora de implementarlas:

- Deben ser implementadas en paralelo a la plataforma oficial, a fin de poder recolectar las mismas informaciones que éste, o ya tener los mecanismos para alimentarlas.
- Deben tener características visuales similares.
- Deben tener requerimientos de Software y Hardware aproximados.
- Deben tener igual o mejor rendimiento que la plataforma en funcionamiento.

#Capítulo 3. Consideraciones. _

3.0 Tipos de Servicio.

De Acuerdo a la Plataforma y el Alcance.

Los servicios externos parten de una red externa para brindar el servicio. Los servicios remotos usan el internet como plataforma. Ambos tipos de servicio coinciden en que no están en la red local. Entonces:

¿Cuál es la diferencia notable entre ambos?

¿Cuáles, de los dos tipos de servicio, permanecen en la ocurrencia de fallas en sus respectivas plataformas?

3.1.2. Fase de Implementación.

Identificación de Involucrados y sus Elementos.

Los involucrados tienen diversos niveles de dificultad de acceso, localización y alcance. Se tiene un servicio externo de alta demanda con baja disponibilidad de soporte y. un servicio externo de baja demanda con alta disponibilidad de soporte. El servicio de baja demanda es utilizado en procesos críticos de la empresa. Ambos fallan simultáneamente. Entonces:

¿Cuál de los dos servicios debe reportarse primero?

¿Cuáles canales alternativos se utilizarían para hacer reportes simultáneos?

¿Quiénes podrían servir de contraparte para el seguimiento de dichos casos?

3.2.2 Fase de Administración.

Mantenimiento de Plataforma.

El mantenimiento del hardware conlleva la interrupción del funcionamiento de la plataforma, aún se tenga a disposición un equipo similar para sustituirlo. Entonces:

¿Cuál sería el procedimiento a seguir para disminuir el tiempo de salida del servicio?

¿Debe la plataforma de repuesto tener las mismas características de la principal?

[SISTEMAS]

Parte 2

Capítulo 4

Una vez vistas las distintas fases por las que pasa la gestión de servicios de informática, procederemos a llevar a cabo la implementación de un servicio. En este proceso de implementación, se asume que el lector lleva a cabo los procesos antes mencionados en el capítulo 3 sobre la gestión de servicios informáticos. Este capítulo se enfocará en la parte técnica del proceso, o sea la instalación de la plataforma. Se podrá observar la gestión de usuarios para dichos servicios, mas no nos adentraremos en dicha parte.

[SISTEMAS]

4.0. Implementación de Servicios informáticos.

Los servicios informáticos son uno de los pilares más críticos de la gestión informática. Toda tecnología está basada, en gran parte, en la práctica del servicio. Las tecnologías de base de datos, web hosting y almacenamiento remoto se presentan en forma de servicios, los cuales difieren entre sí dependiendo de múltiples factores. Estos factores pueden ser el sistema operativo, la tecnología del servicio, la plataforma de entrega o el tipo de servicio.

La implementación de servicios informáticos, a nivel de instalación de plataforma, pasa por tres grandes etapas que son: preparación, ejecución, configuración.

En este capítulo trataremos la instalación de un servicio de archivos. En este utilizaremos Zentyal 4.2 Development como nuestro sistema gestor de archivos.

4.1. Servicios de Archivo

En esta sección, utilizaremos Zentyal 4.2 Development como nuestro sistema gestor de archivos.

Zentyal es una solución de correo electrónico y groupware de código abierto, compatible de forma nativa con Microsoft Outlook®.

Zentyal se distribuye en dos paquetes: Zentyal Server para PYMEs y Zentyal Cloud para proveedores de hosting. Zentyal Server tiene una edición de desarrollo que puede descargarse de forma gratuita y cuyo código fuente está disponible bajo los términos de la GNU General Public License.

Zentyal está compuesta por varios componentes open source, montados sobre una versión personalizada de Ubuntu Server. Zentyal era llamado EBox, antes de ser ofrecido como solución server incorporado a Ubuntu.

El proceso que llevaremos a cabo comprende las siguientes fases:

- La instalación del sistema operativo.
- Descarga y configuración de paquetes del servidor.
- Activación de módulos
- Configuraciones adicionales.
- La gestión de usuarios
- La administración de recursos de red
- La gestión de accesos

Cada paso será acompañado de una gráfica o imagen que mostrará dicho proceso.

4.1.1. La instalación del sistema operativo.

Zentyal es, en su núcleo, un sistema operativo Ubuntu Linux personalizado, acompañado de diversos componentes de software libre, sobre el cual funciona la anteriormente llamada plataforma EBox.

Todo el proceso fluye igual que la instalación de un sistema operativo Ubuntu, salvo algunos diálogos que son omitidos, al ser el mismo una versión diseñada exclusivamente para correr los servicios de Zentyal.

4.1.1A.

Todo comienza con la inserción del disco de instalación de Zentyal 4.2 Development. Hay que configurar el computador para iniciar desde el lector de discos. Inmediatamente se inicie el computador se presenta la siguiente pantalla.

Debe seleccionar el idioma antes de pasar a la siguiente pantalla. La selección de opciones se hace con las teclas direccionales, la barra espaciadora, y la tecla enter. La tecla enter indica aceptación de la opción sobre la que se encuentre el puntero.

Language

Amharic	Français	Македонски	Tamil
Arabic	Gaeilge	Malayalam	తెలుగు
Asturianu	Galego	Marathi	Thai
Беларуская	Gujarati	Burmese	Tagalog
Български	עברית	Nepali	Türkçe
Bengali	Hindi	Nederlands	Uyghur
Tibetan	Hrvatski	Norsk bokmål	Українська
Bosanski	Magyar	Norsk nynorsk	Tiếng Việt
Català	Bahasa Indonesia	Punjabi (Gurmukhi)	中文(简体)
Čeština	Íslenska	Polski	中文(繁體)
Dansk	Italiano	Português do Brasil	
Deutsch	日本語	Português	
Dzongkha	ქართული	Română	
Ελληνικά	Қазақ	Русский	
English	Khmer	Sámegillii	
Esperanto	ಕನ್ನಡ	සිංහල	
Español	한국어	Slovenčina	
Eesti	Kurdî	Slovenščina	
Euskara	Lao	Shqip	
فارسی	Lietuviškai	Српски	
Suomi	Latviski	Svenska	

F1 Help F2 Language F3 Keymap F4 Modes F5 Accessibility F6 Other Options

4.1.1.B.

Este es el primer menú que nos lanza el disco instalador de Zentyal. Este nos presenta 6 opciones.

- •Instalar Zentyal borrando completamente el disco.
- •Instalar Zentyal en modo experto
- •Comprobar defectos en el disco
- •Comprobar la memoria
- •Arrancar desde el primer disco
- •Recuperar un sistema dañado

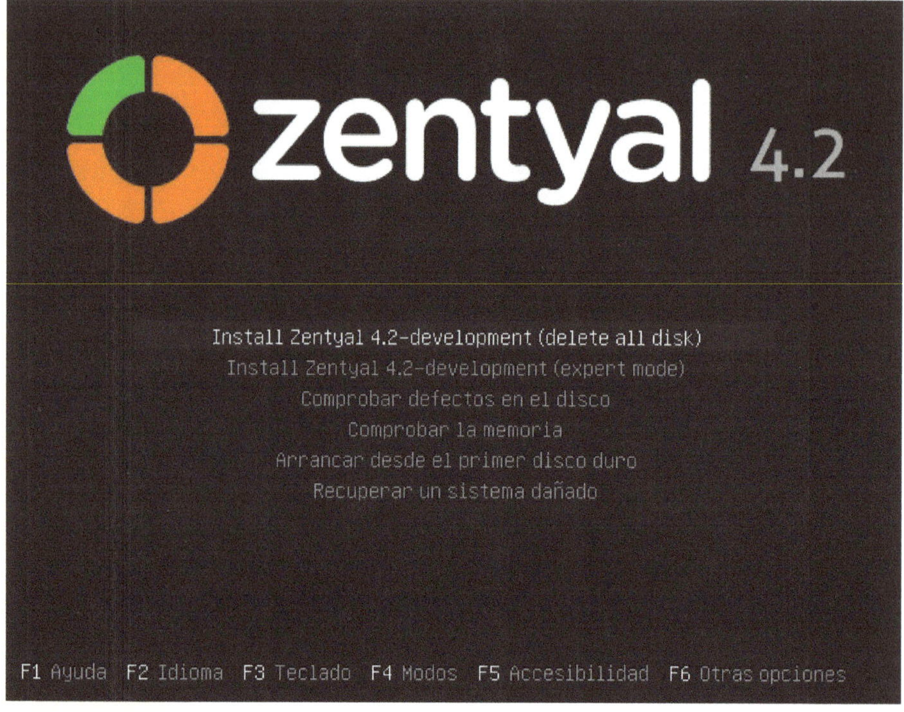

Aquí escogeremos la opción 1, pues el servidor es instalado en un computador o un disco nuevo.

4.1.1.C.

En este paso, escogemos el idioma para el proceso de instalación. Movemos el puntero, con la tecla direccional, hasta alcanzar la opción "Spanish". Hay que presionar enter para poder continuar.

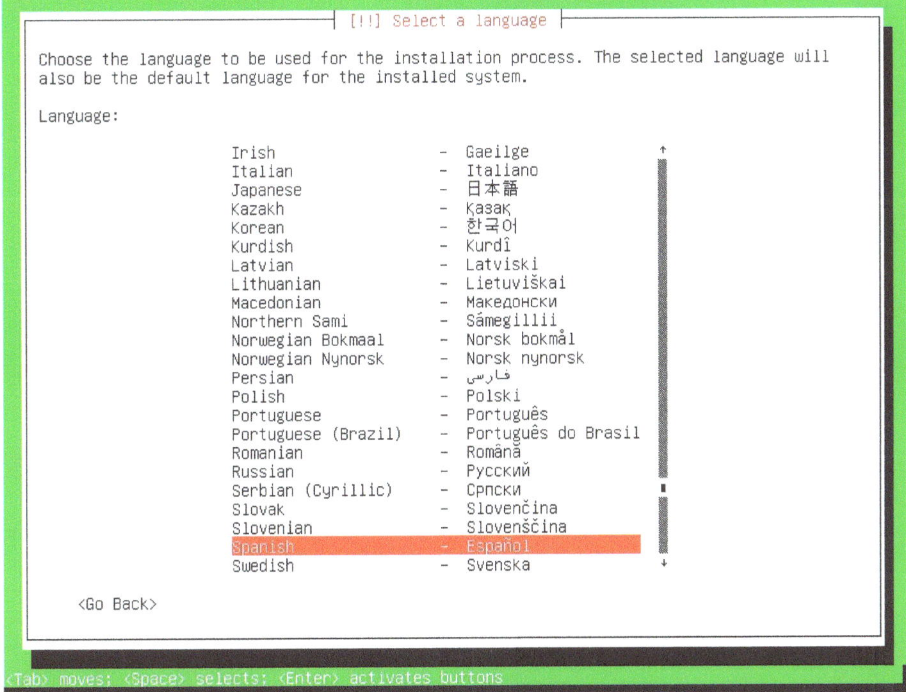

Escogemos "Spanish" (Español), pues facilita el seguimiento de los pasos.

4.1.1.D.

Seleccionamos la ubicación para la zona horaria, lo cual permitirá ajustar el reloj del sistema de acuerdo a su localización geográfica.

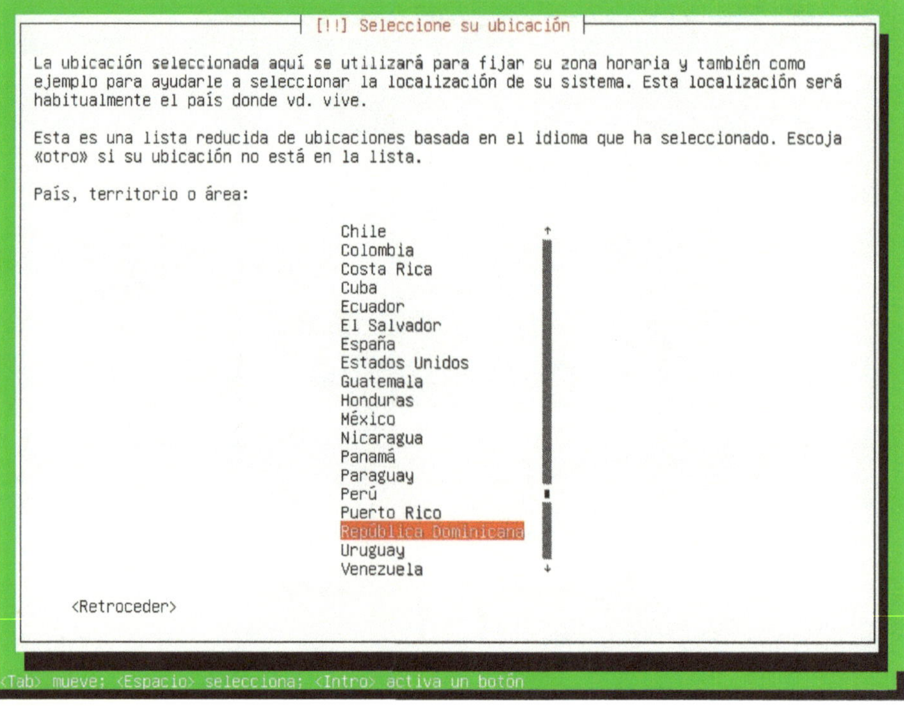

4.1.1.E.

Aquí es recomendable no detectar el teclado, para así indicar la distribución que se tiene. En estos pasos tomaremos como opción no detectar el teclado.

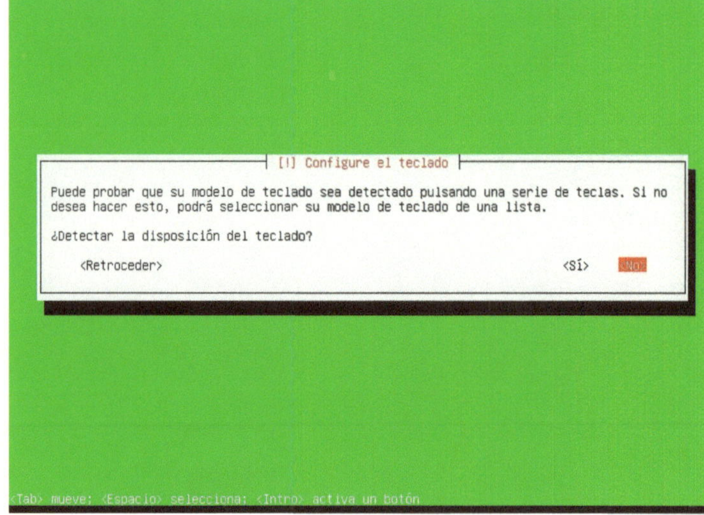

4.1.1.F1.

Seleccionamos la distribución Español (Latinoamericano), si nuestro teclado posee caracteres hispanos como la "ñ", de otro modo seleccionamos Inglés (EE.UU.), como muestra la imagen inferior.

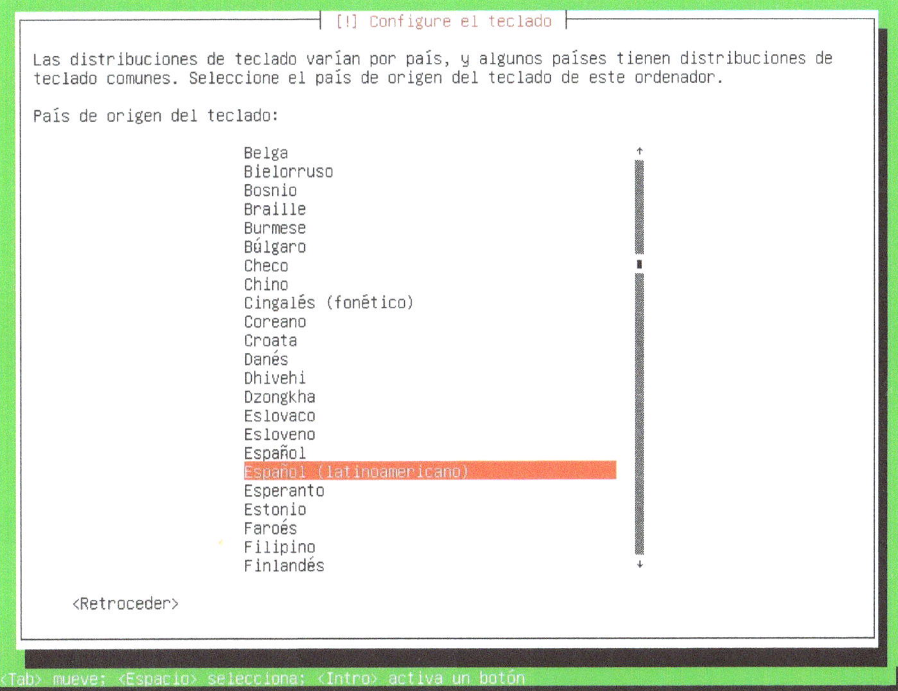

4.1.1.F2.

Seleccionamos el idioma inglés para nuestra distribución de teclado si éste no posee caracteres del idioma castellano.

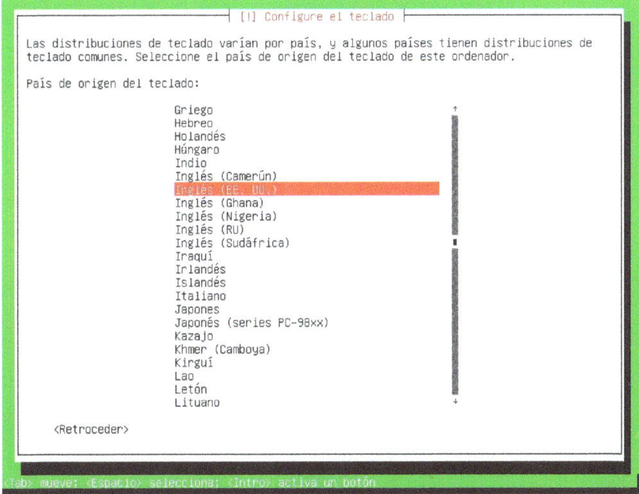

4.1.1.G.

Después de escoger el idioma, aparecen variantes de la distribución escogida. Seleccionamos la primera, Español (Latinoamericano).

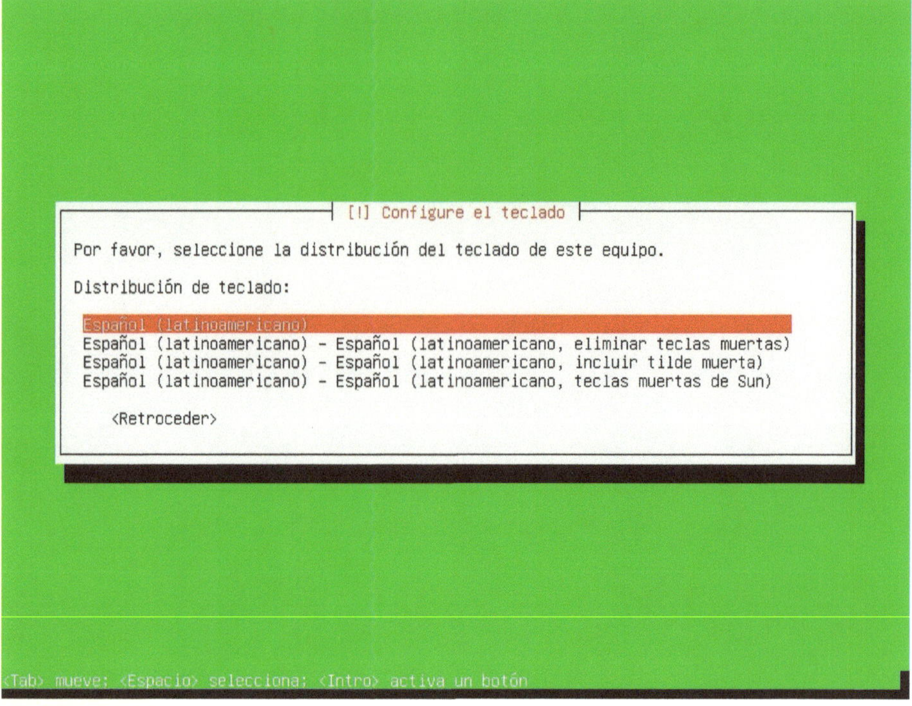

4.1.1.H.

Después de seleccionar el idioma se empiezan a cargar los archivos para el siguiente paso de la instalación de Zentyal. La duración de esta carga de archivos puede variar dependiendo de los recursos del sistema.

4.1.1.I.

En este paso, se inicia la configuración del servidor y sus características. Esta comienza con la introducción del nombre del servidor. El nombre del servidor no puede incluir caracteres especiales, salvo el guión, el underscore (guión inferior) y números. Al terminar presionamos enter.

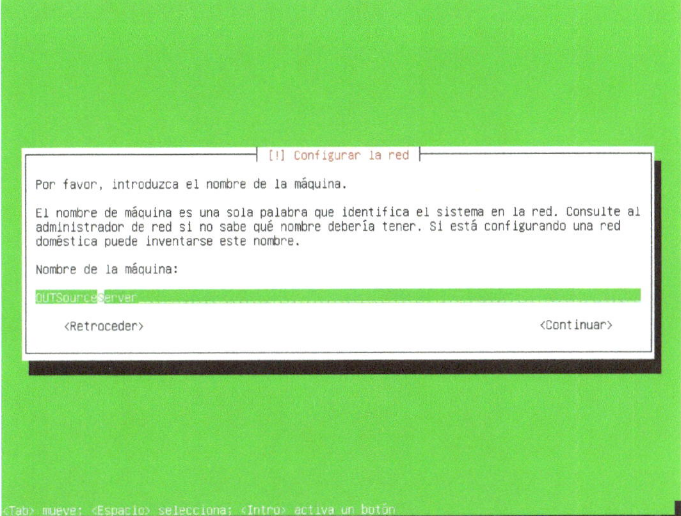

4.1.1.J.

En esta ventana introducimos el nombre de usuario. El nombre del usuario, al igual que el nombre del servidor, no puede incluir caracteres especiales, salvo el guión, el guión inferior y números.

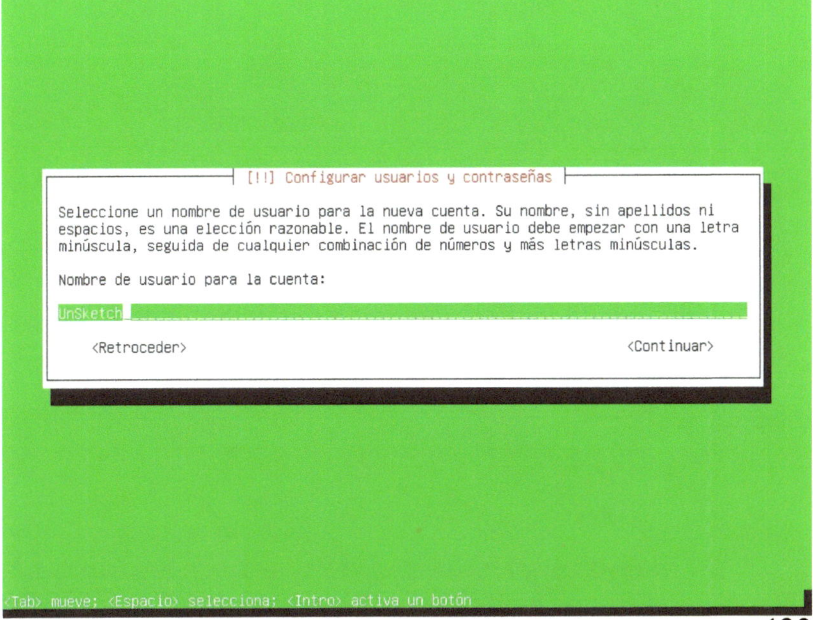

4.1.1.K.

Esta ventana aparece cuando se ha introducido un caracter erróneo al nombre del usuario. El error radica en escribir UnSketch en vez de unsketch, remarcando que el nombre de usuario debe escribirse con minúsculas. Aquí seleccionamos la opción “Retroceder” para enmendar el fallo.

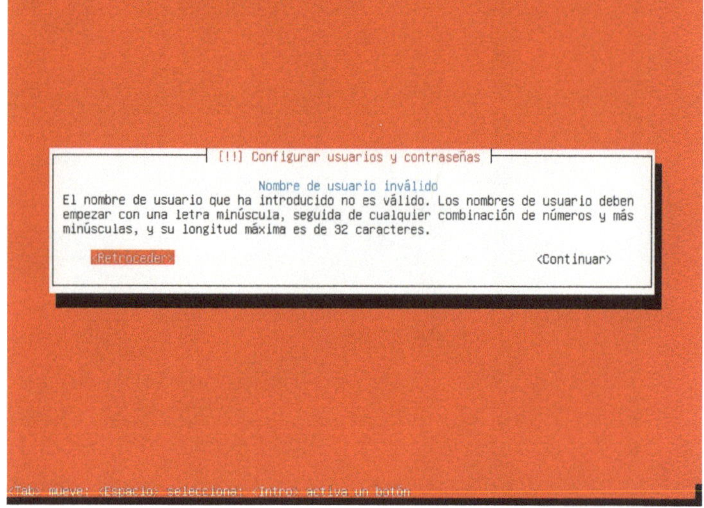

4.1.1.L.

Esta ventana aparece para seleccionar a qué parte del proceso queremos retroceder. Como deseamos corregir el nombre de usuario seleccionamos “Configurar usuarios y contraseñas”.

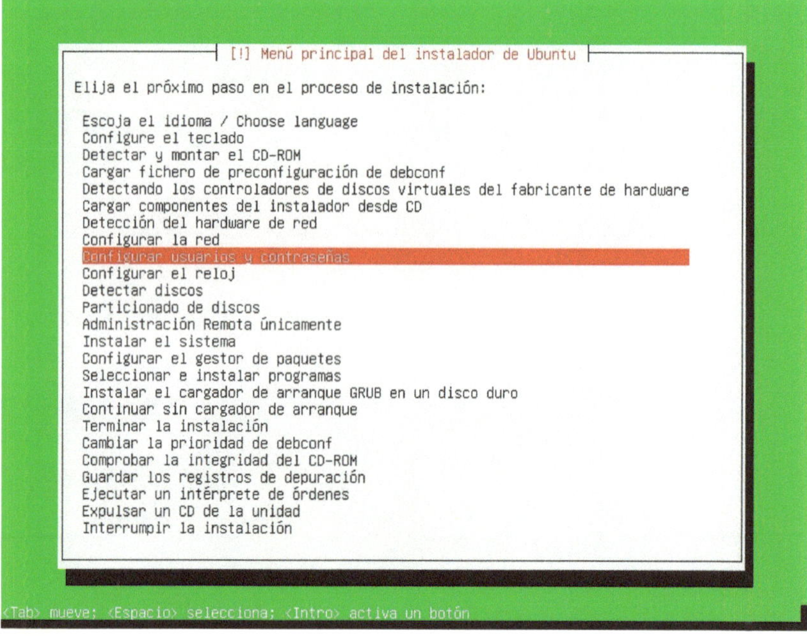

4.1.1.M.

La ventana de introducción de nombre de usuario reaparece y ahora procedemos a corregir el error, el cual consistió en escribirlo con mayúsculas. Presionamos enter para continuar.

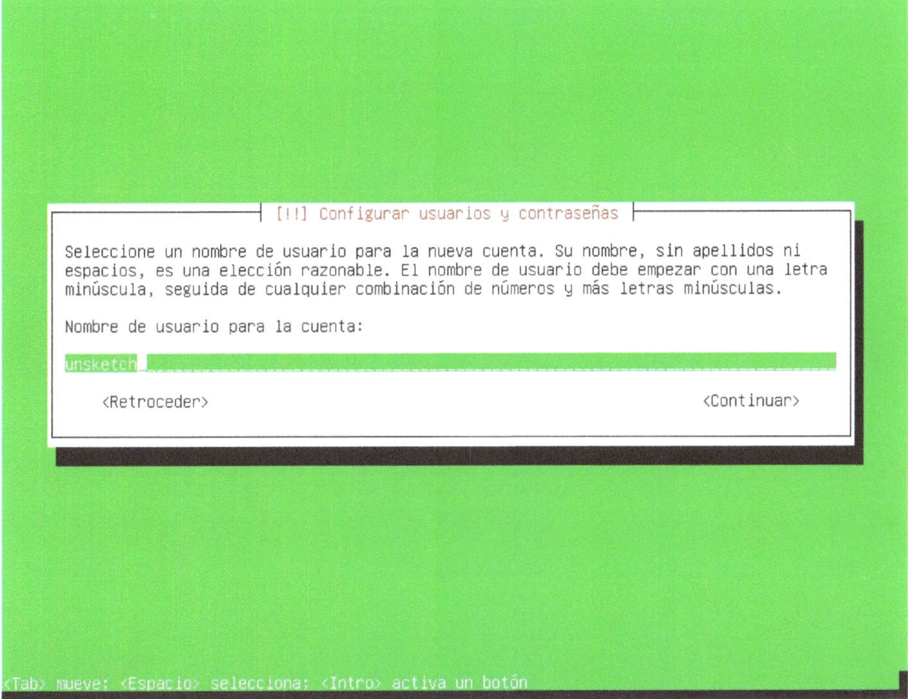

4.1.1.N1.

Aquí digitamos la contraseña para el servidor. Debe ser una contraseña fuerte, recomendable es que contenga mayúsculas, minúsculas, números y caracteres especiales como #$%. Una vez digitada presionamos la tecla enter.

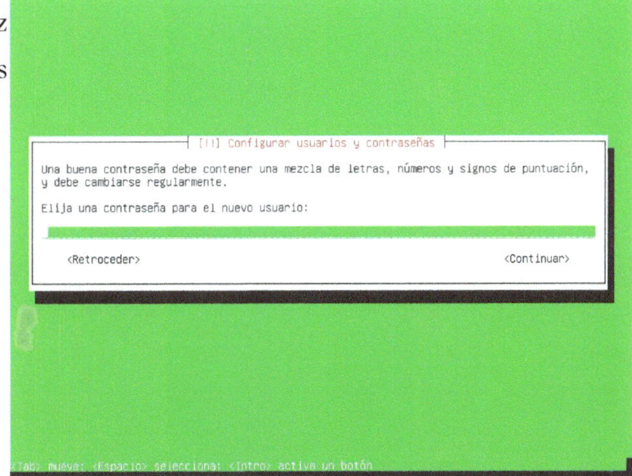

4.1.1.N2.

Aquí repetimos lo realizado en la ventana anterior. Introducimos la misma clave para verificarla.

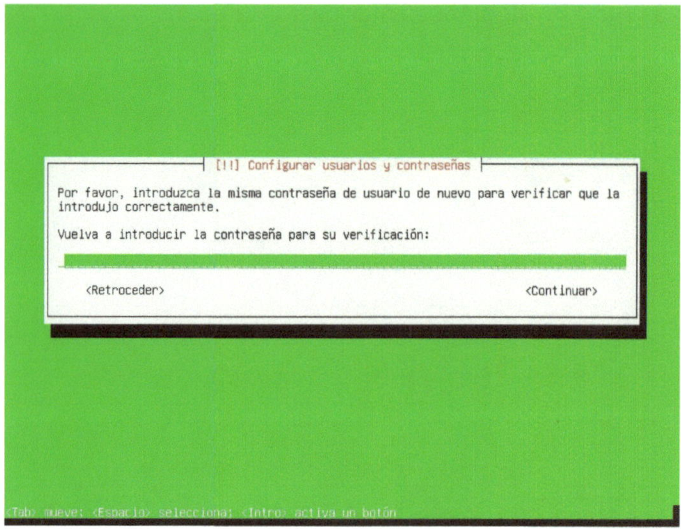

4.1.1.O.

El sistema corrobora si la zona horaria tomada es correcta. En caso de ser correcta, se selecciona la opción "Sí".

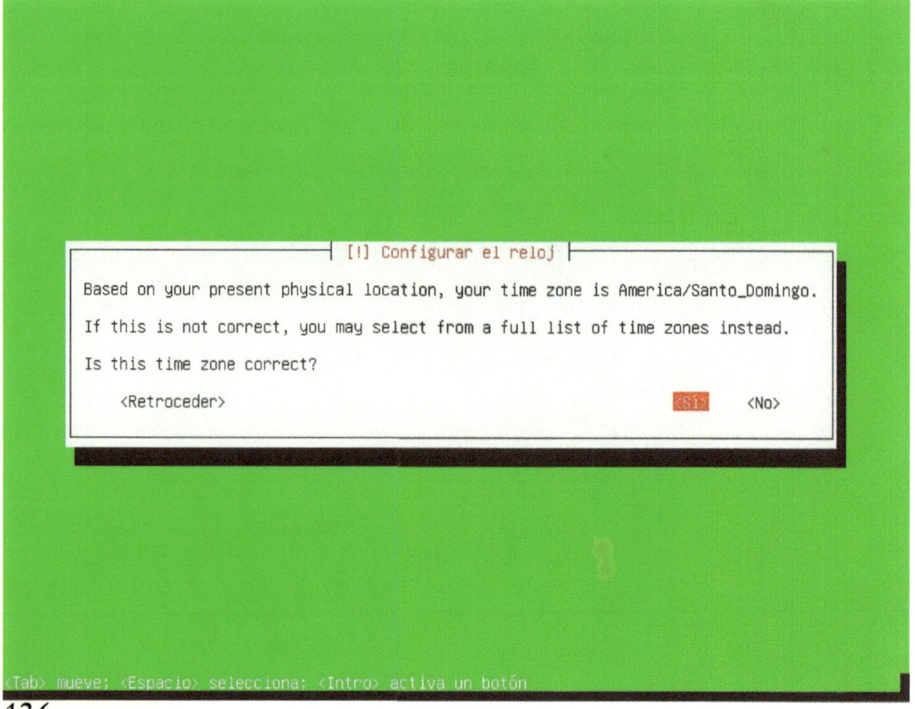

4.1.1.P.

El sistema comienza a ser instalado.

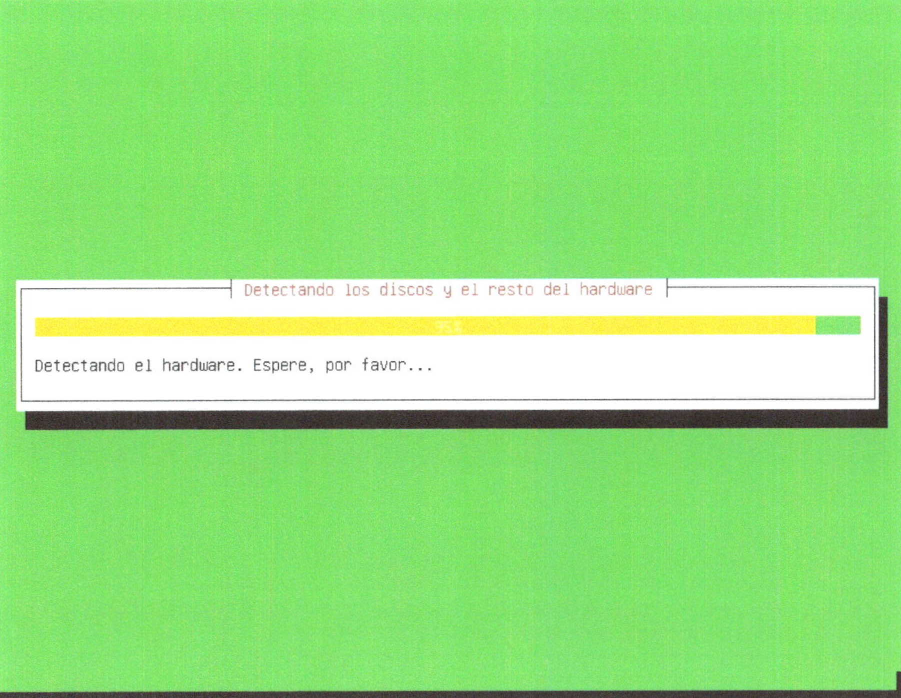

4.1.1.Q1.

Si el sistema tiene conexión a internet, empezara a actualizar sus archivos y a bajar archivos adicionales. Dependiendo de la velocidad de la conexión, este proceso puede tomar mayor o menor tiempo.

4.1.1.Q2.

Al seguir el progreso de la instalación, se puede observar que los tiempos calculados de duración pueden variar mientras se descargan los archivos.

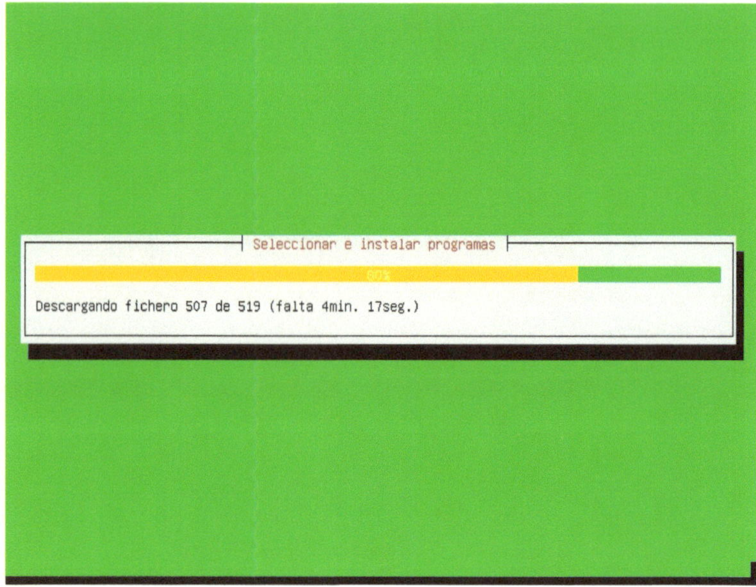

4.1.1.R.

La instalación finalizó y es hora de extraer el cd de instalación. Cuando el cd ya es extraído, presionamos enter en la opción "continuar".

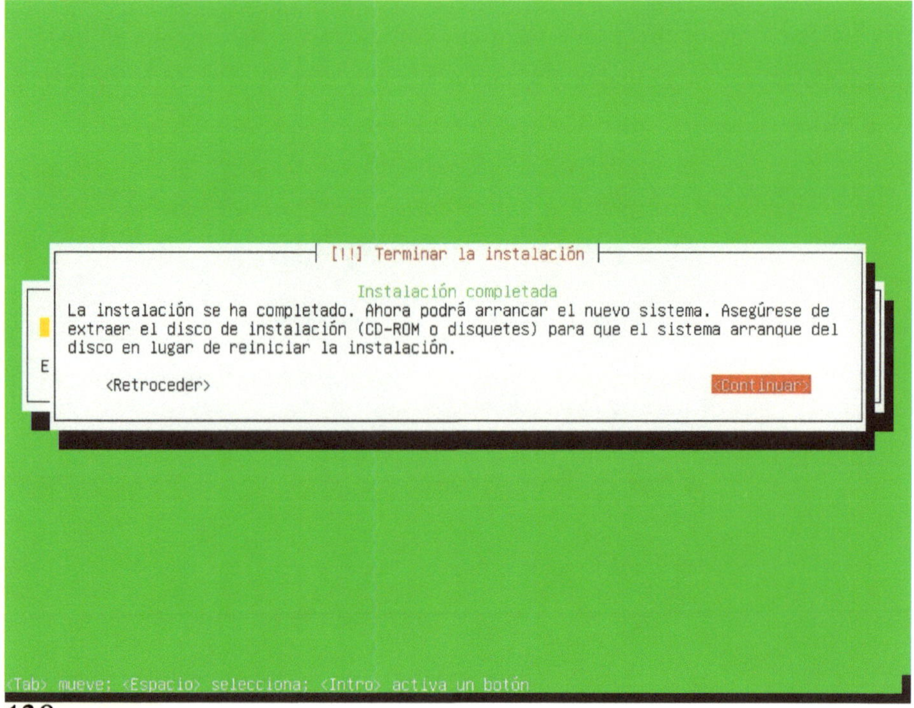

4.1.1.S.

El sistema se reinicia y esta es la pantalla del nuevo sistema, mientras instala los paquetes del núcleo Zentyal. Este proceso puede tardar varios minutos.

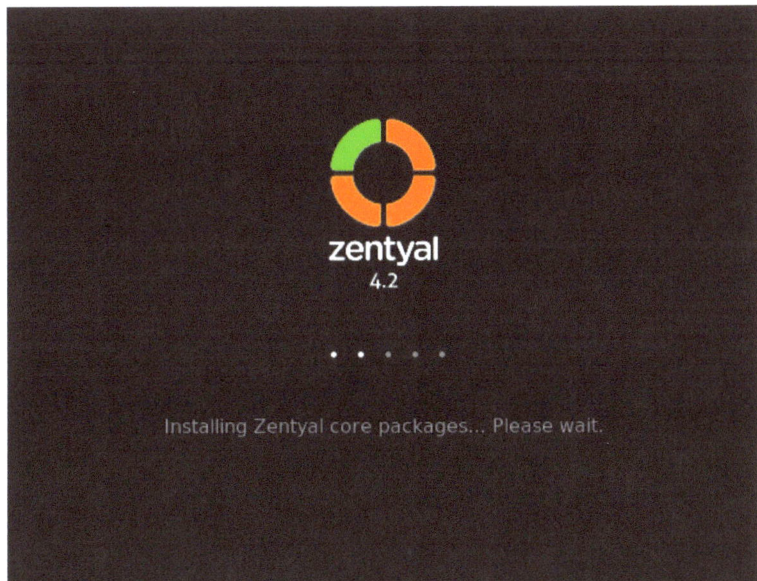

4.1.1.T.

Esta es la pantalla de Zentyal que nos dice que la fase de instalación del servidor ha finalizado.

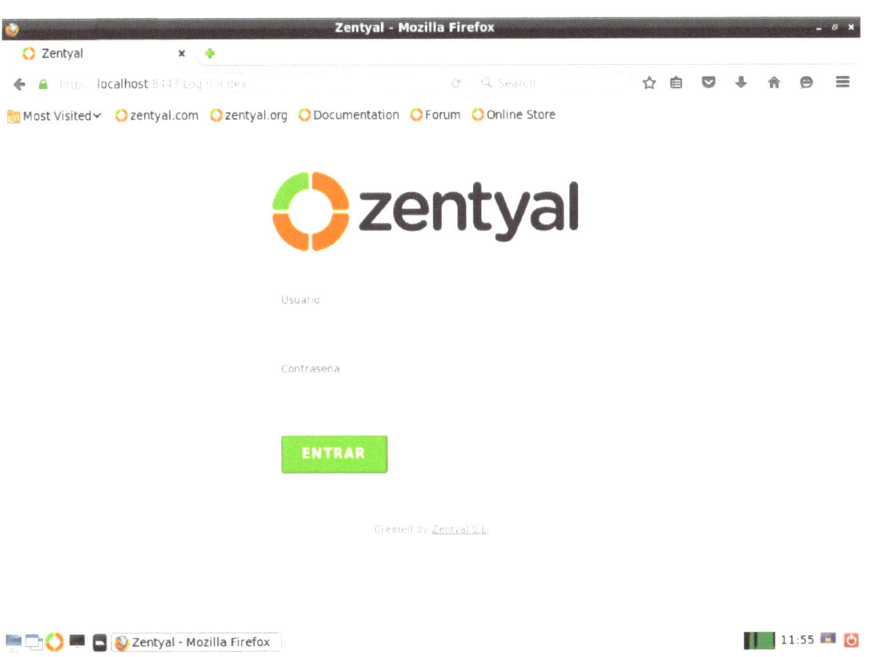

Procedemos a la siguiente fase.

4.1.2. Descarga y configuración de paquetes del servidor.

En la fase anterior, se llevó a cabo la instalación del servidor sobre el cual funcionarán los servicios brindados por Zentyal. Primero configuraremos el entorno gráfico del servidor, para ajustarlo a las dimensiones que nos permiten observar el menú completo. Zentyal es administrado a través de una interfaz web, accesible desde cualquier navegador moderno. Si la resolución de la pantalla es baja, será difícil operar eficiente el menú brindado por la interfaz de Zentyal.

4.1.2.A.

Esta imagen muestra la configuración gráfica del servidor, la cual puede inicialmente ser baja. Si intentáramos entrar con nuestro usuario y clave, veríamos componentes que están fuera del alcance horizontal de la pantalla. Hay que subir la resolución gráfica a una que permita la visualización total de los componentes de Zentyal.

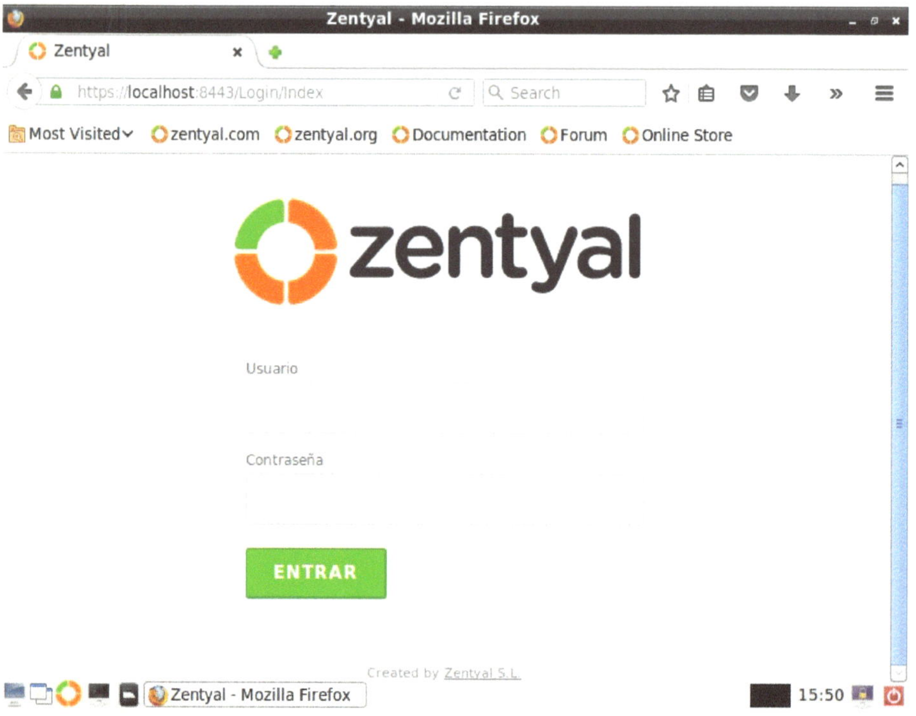

4.1.2.B1.

Hacemos clic en el icono del computador, ubicado en la esquina inferior izquierda. Movemos el ratón hasta preferencias y seleccionamos "Ajustes del monitor".

4.1.2.B2.

En esta imagen observamos que la resolución del sistema es de 800x600; sin embargo, ésta puede variar dependiendo de la tarjeta gráfica del equipo y la capacidad del sistema operativo para reconocerla e instalar los controladores.

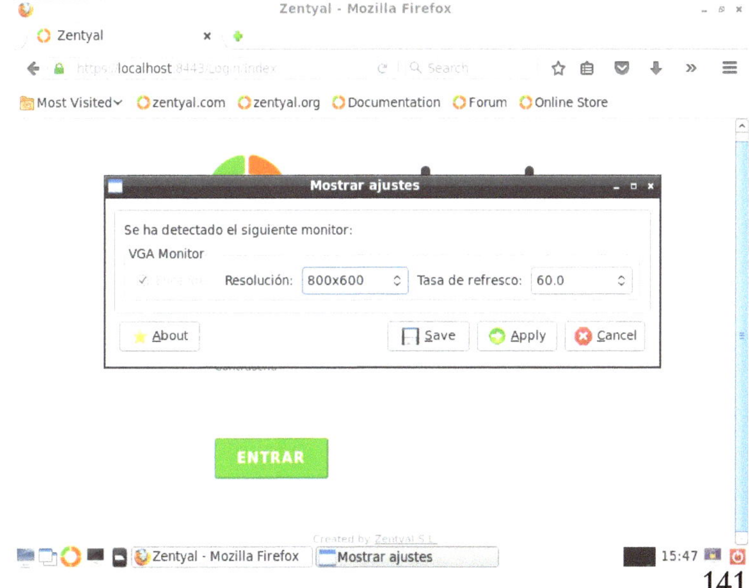

4.1.2.B3.

Al hacer clic en la casilla de la resolución, podemos observar todas las resoluciones disponibles por el sistema. Seleccionamos la que mejor se ajuste. Al terminar, hacemos clic en "Apply" (Aplicar).

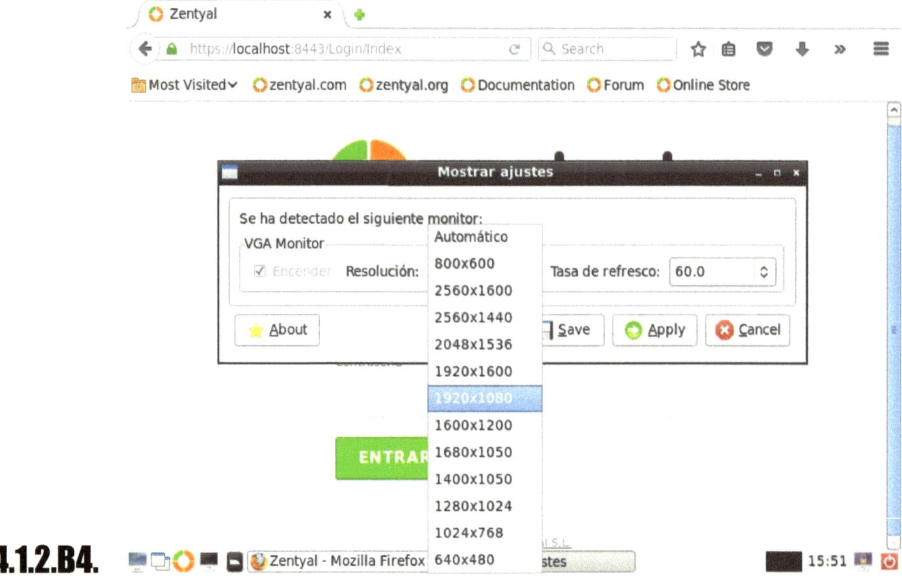

4.1.2.B4.

El cambio de resolución, mejora la disposición de los elementos gráficos del menú de Zentyal. Para tener una mejor idea, se puede comparar la pantalla de la imagen 4.1.2.A con la 4.1.2.B4 de abajo. Se puede notar que las casillas disponen de mayor espacio visual y una mejor calidad gráfica.

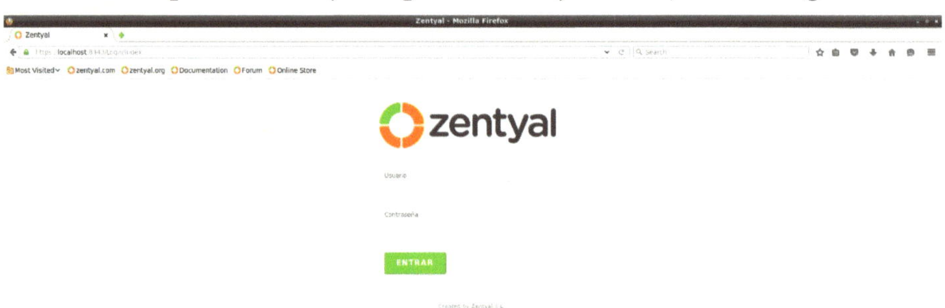

Desde este punto en adelante, comenzaremos la configuración básica del servidor Zentyal.

4.1.2.C1.

La primera pantalla que se muestra al iniciar el servidor Zentyal, es la pantalla de acceso principal. Ésta pide los datos de usuario y contraseña. El usuario es el nombre dado al usuario del servidor durante la fase de instalación del sistema. Para referencia vemos la imagen 4.1.1.M. La contraseña es la clave de usuario introducida durante la fase de instalación del servidor.

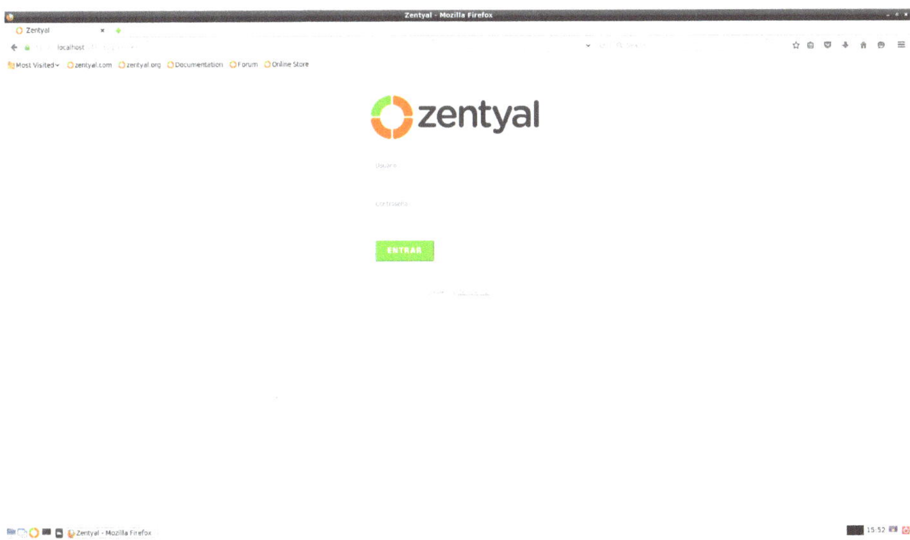

4.1.2.C2.

Debemos introducir usuario y clave tal como fue escrita al inicio. Al terminar hacemos clic en "Entrar".

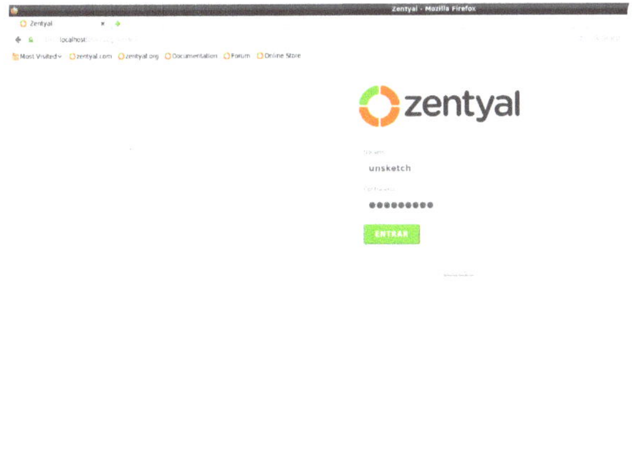

El usuario y contraseña de zentyal son el nombre de usuario y clave introducidos durante la fase de instalación del servidor. Este usuario y clave son utilizados a lo largo de todo el sistema operativo

4.1.2.D.

Esta es la pantalla de bienvenida a la configuración inicial de Zentyal. Debemos presionar el botón "Continuar".

4.1.2.E1.

Aquí, Zentyal presenta los paquetes a seleccionar para configurar nuestro servidor. Cada paquete prepara al servidor para comportarse de diferente manera.

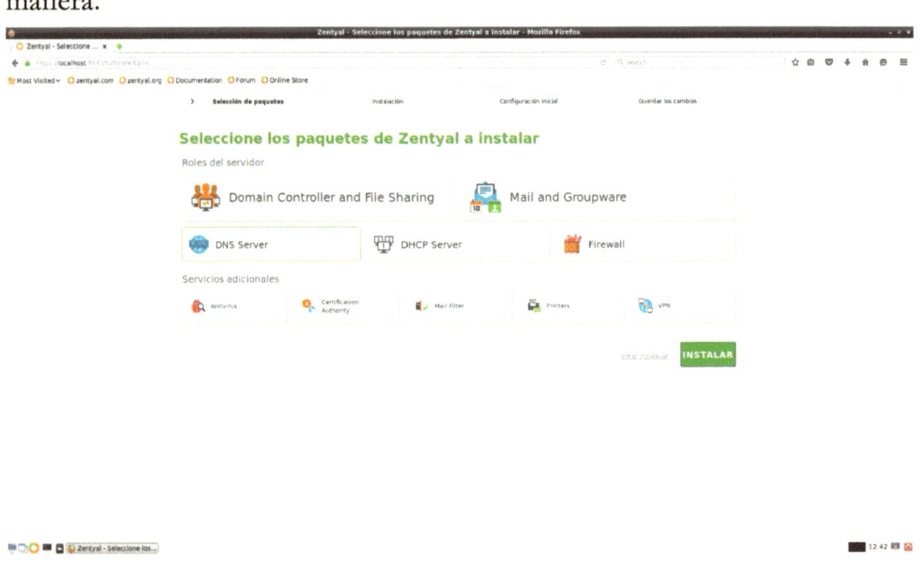

4.1.2.E2.

Para crear nuestro servidor de archivos debemos seleccionar los siguientes paquetes:

- •Domain Controller and File Sharing (Controlador de Dominio y Compartición de Archivos)
- •DNS Server (Sistema de Nombres de Dominio)
- •Antivirus
- •Certification Authority (Autoridad de Certificación)

Al terminar de seleccionar los paquetes, hacemos clic en "Instalar".

4.1.2.E3.

Zentyal pide confirmación de los paquetes a instalar. Si deseamos continuar con la instalación, seleccionamos la opción "continuar". En caso de desear agregar algún paquete o desmarcar uno agregado por error, hacemos clic en cancelar. Si cancelamos la instalación en esta parte, volveremos a la pantalla 4.1.2.E2, en donde estarán todos los paquetes anteriormente seleccionados. Hacemos clic en la opción "continuar".

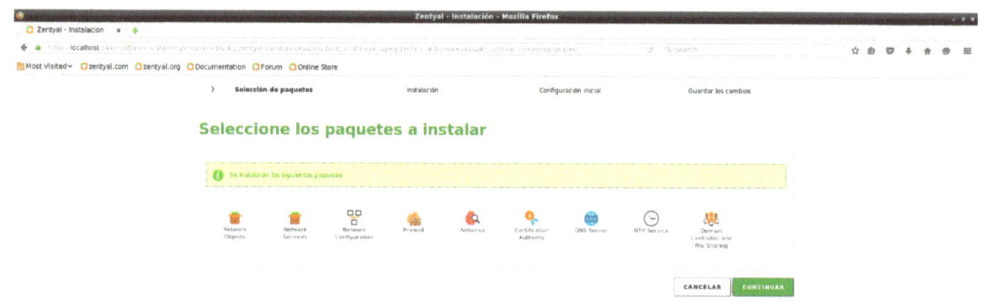

4.1.2.F.

El proceso de instalación de paquetes comienza. Este proceso tomará varios minutos, pues el servidor debe descargar por internet todos los paquetes seleccionados.

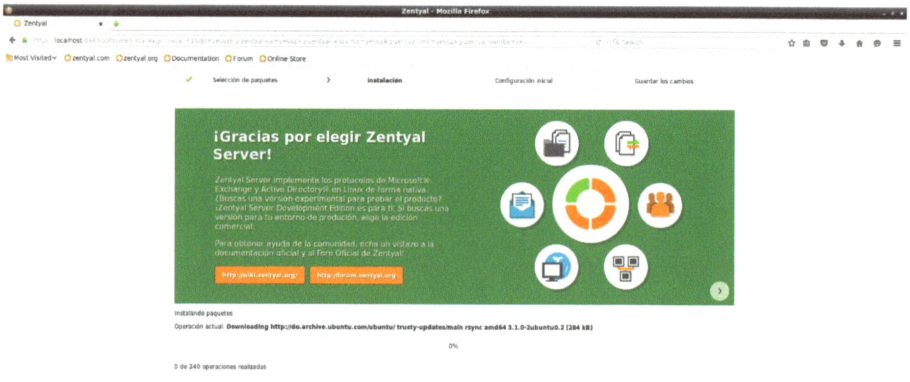

4.1.2.G.

Aquí debemos especificar el tipo de interfaz de red que tendrá el servidor Zentyal. Como dicho servidor brindará los archivos dentro de una red y no habrá acceso desde el exterior, la interfaz seleccionada será interna. Seleccionamos la opción "Internal" (Interna), y hacemos clic en "siguiente".

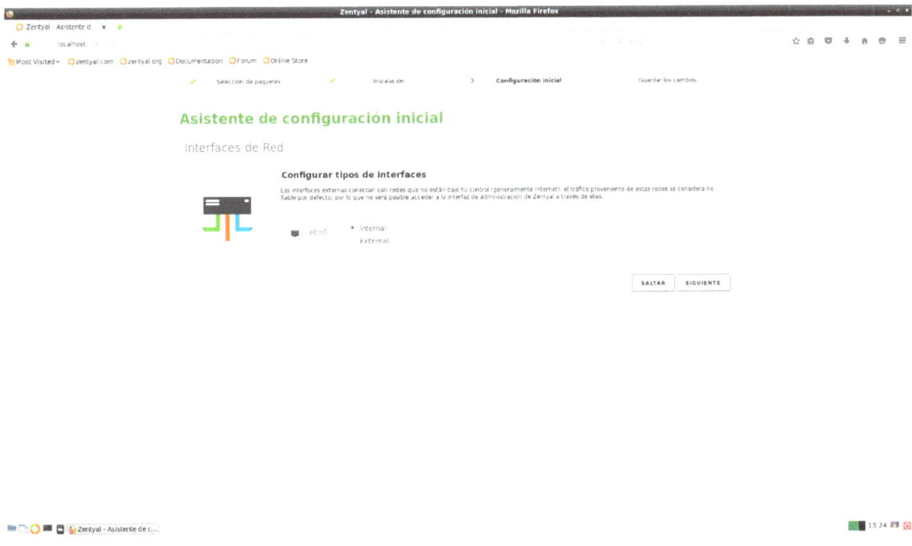

4.1.2.H.

En esta ventana, se intenta configurar la interfaz externa de Zentyal. Seleccionamos "Siguiente", con la opción de no configurar, pues no habrá interfaces externas.

4.1.2.I.

Tenemos dos opciones:

> Servidor stand-alone. Servidor único. No realiza tareas en sincronización con otros o en dependencia de otros.
>
> Controlador de dominio adicional. Servidor que se configura para trabajar en consonancia con otros existentes, generalmente un servidor de dominio Windows.

Dejamos la selección por defecto, "Servidor stand-alone", dejamos el nombre de dominio como esta y hacemos clic en "Finalizar".

4.1.2.J.

Zentyal comienza a aplicar la configuración inicial para los módulos instalados.

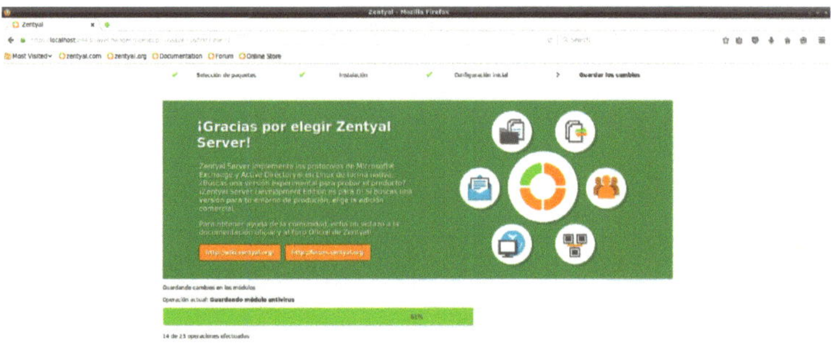

4.1.2.K.

Hemos terminado de instalar y configurar los paquetes de Zentyal. Ahora vamos a la pantalla principal del servidor Zentyal, haciendo clic en "Ir al Dashboard".

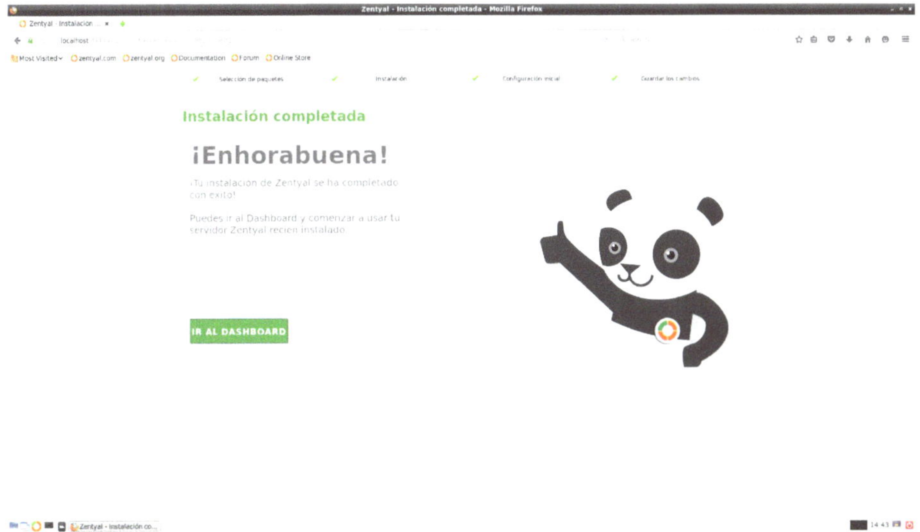

4.1.3. Activación de módulos

4.1.3.A.

Para activar los módulos de Zentyal hacemos clic en "Estado de los Módulos", justo al inicio del menú. Al principio, muchos módulos aparecen desactivados y por lo tanto no se pueden configurar. Debemos activarlos antes de intentar configurarlos. Los módulos que no tienen cotejados su casilla de "Estado" a la derecha, están deshabilitados o inactivos.

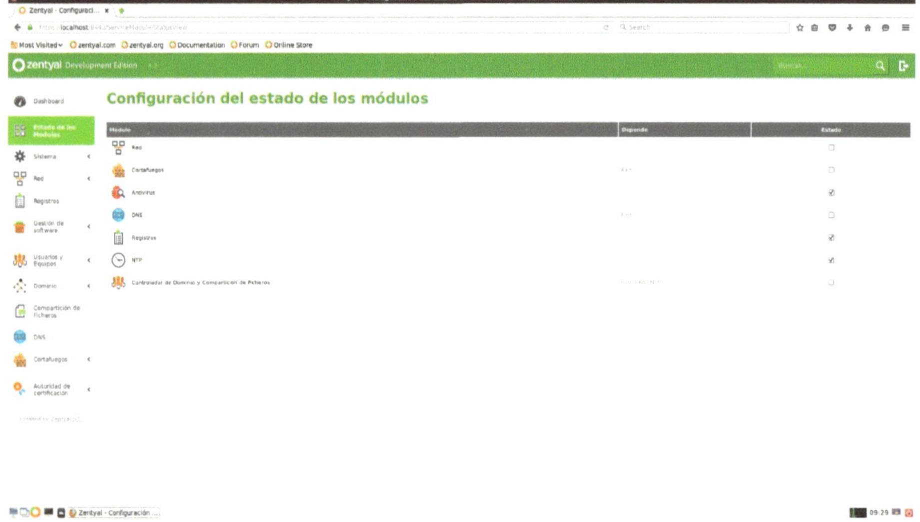

4.1.3.B.

Cada vez que marcamos una casilla para habilitar el módulo, debemos presionar "Aceptar" para confirmar.

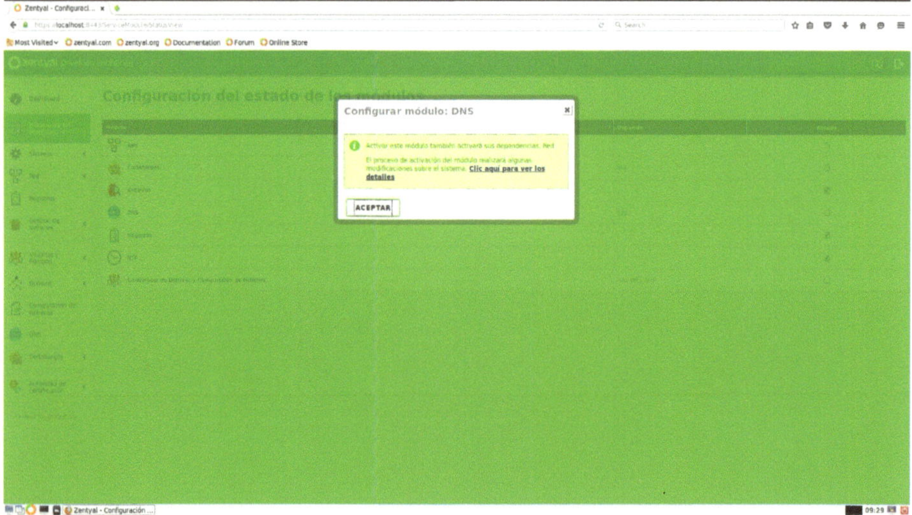

4.1.3.C.

Esperamos a que el módulo active y configure sus dependencias, o sea módulos y paquetes de software de los cuales su funcionamiento depende.

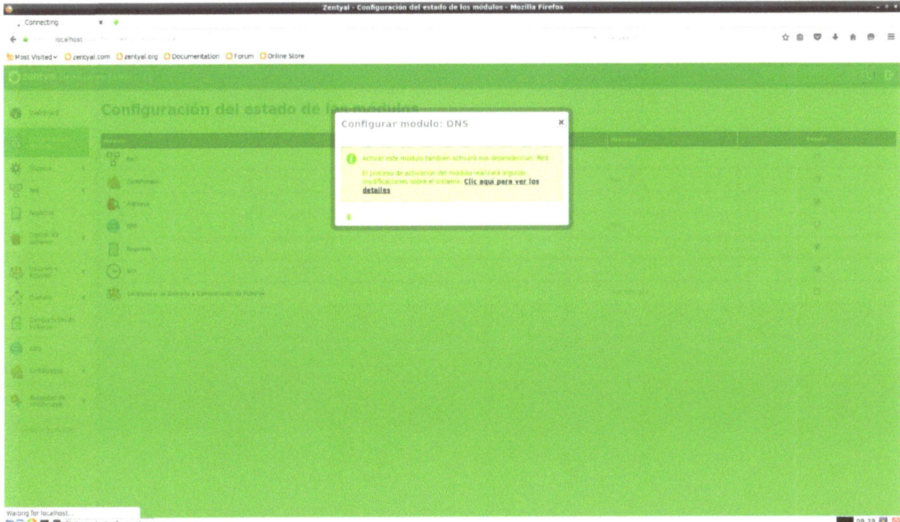

4.1.3.D.

Una vez marcados todos los módulos, basta con presionar “Guardar cambios” para activarlos de forma efectiva.

4.1.3.E.

Presionamos "Guardar" para continuar.

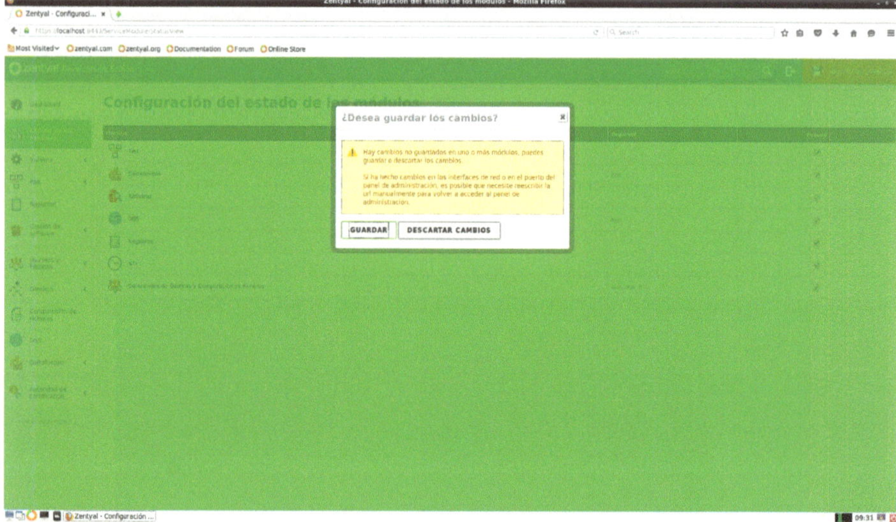

4.1.3.F.

Esperamos a que el proceso termine y una vez sale la ventana de notificación presionamos "ok" para finalizar.

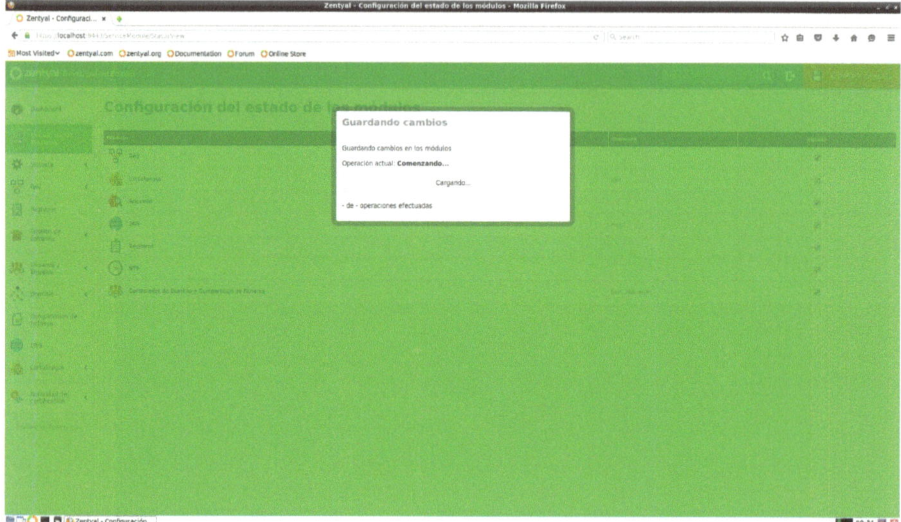

De esta forma se activan todos los módulos de Zentyal, en caso de instalar nuevos en el futuro.

4.1.4. Configuraciones adicionales

4.1.4.A.

Esta es la pantalla principal, dashboard o tablero, de Zentyal; donde podemos observar la actividad de todos los módulos instalados, configurar la disposición en la que se presenta la información, agregar o remover los despliegues de información de los módulos.

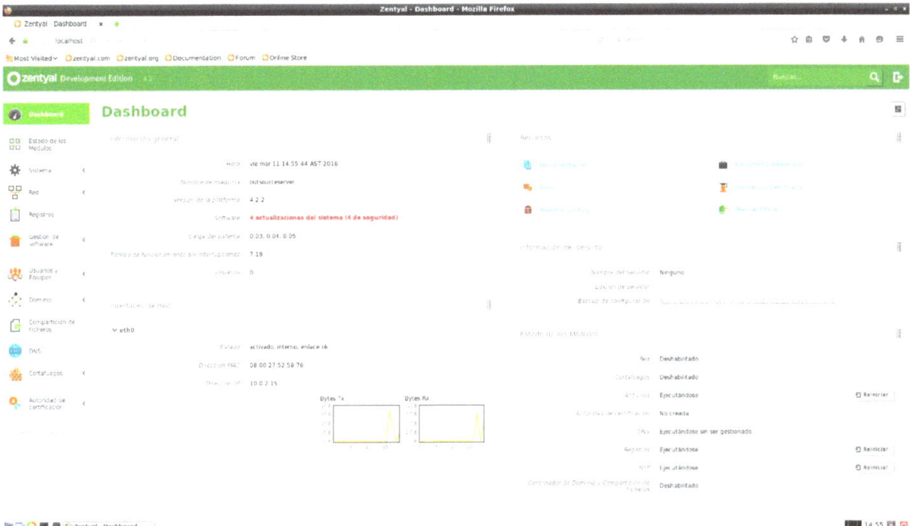

Se puede observar en la parte inferior, en interfaces de red, una dirección de red:10.0.2.15. Esta dirección puede variar dependiendo de la configuración de la red a la que se haya agregado el computador.

En esta parte del proceso, nos centraremos en hacer configuraciones específicas al servidor. Las configuraciones a realizar son:

- Configuraciones del respaldo de configuración.
- Configuraciones de red.

Configuraciones del respaldo de configuración

Un respaldo de configuración es el proceso mediante el cual el servidor puede guardar copias de la configuración de sus módulos, para restaurarlos en caso de que una desconfiguración o mala configuración se lleve a cabo. En Zentyal hay dos tipos de respaldo: locales y remotos. Los respaldos locales son realizados en el servidor, y los remotos son llevados a un servidor, el cual requiere la creación de una cuenta de usuario y el nombre del servidor. La cuenta de usuario y el nombre del servidor servirán para la recuperación de los archivos de configuración correspondientes.

4.1.4.B1.

Iremos al menú "Sistema" y haremos clic en la opción "Backup de la configuración".

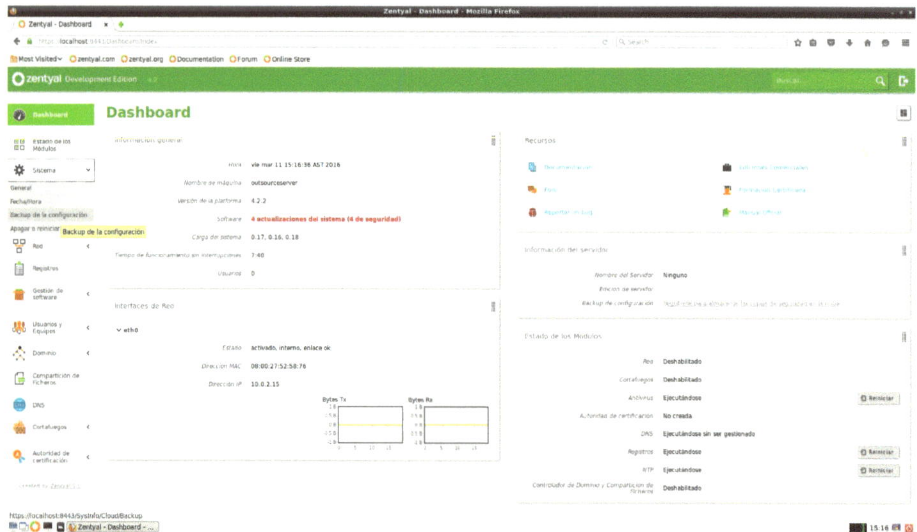

4.1.4.B2.

Aquí podemos crear una cuenta nueva para alojar los archivos de configuración del servidor. Observamos que justo debajo del encabezado "Backup de la configuración", se encuentra un selector con dos opciones: "Cloud" y "Local" La opción "Cloud" (Nube) nos indica que estamos trabajando con respaldos remotos.

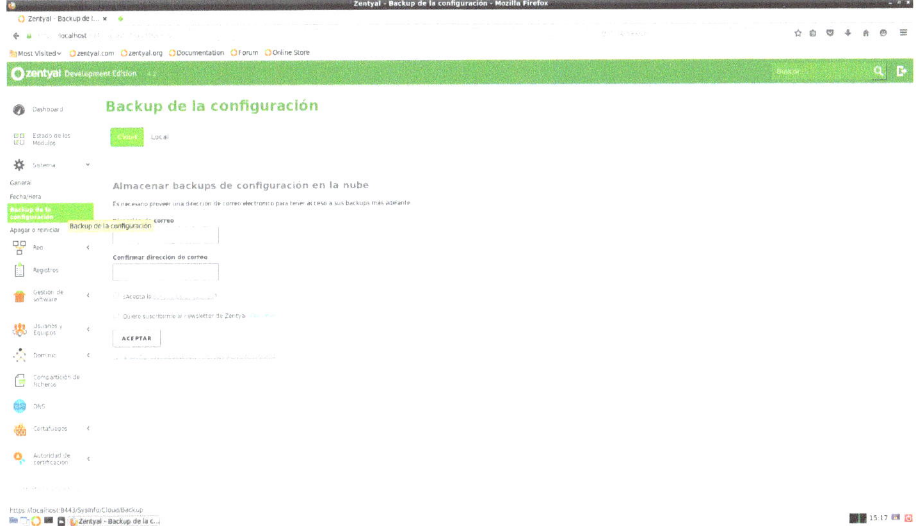

4.1.4.B3.

Introducimos un correo electrónico, el cual será el identificador o nombre de usuario de la cuenta. Hay que repetir dicho correo en las dos casillas, y marcar la aceptación de los términos de privacidad. Al terminar hacemos clic en "Aceptar".

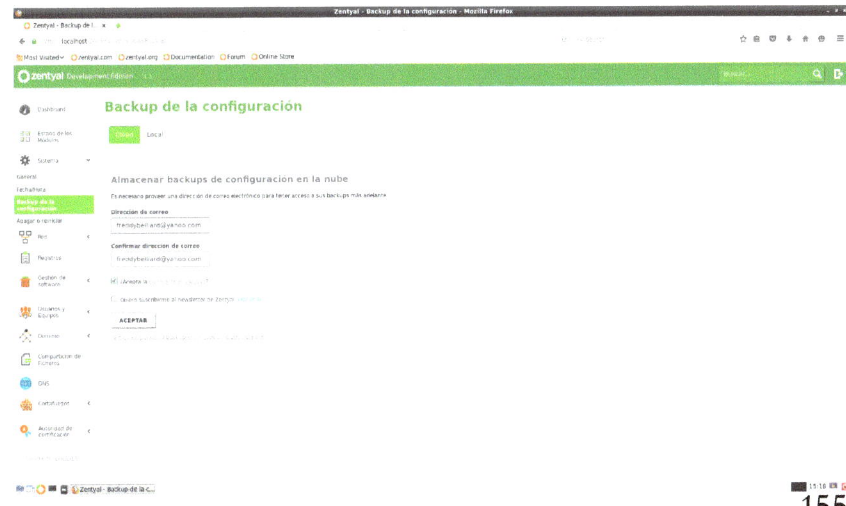

4.1.4.C1.

Un mensaje nos alerta la razón por la que no podemos aún realizar nuestros backups (respaldos) remotos.

"El backup está deshabilitado porque hay cambios de configuración que no se han guardado. Por favor, guárdelos o descártelos para poder realizar el backup de la configuración".

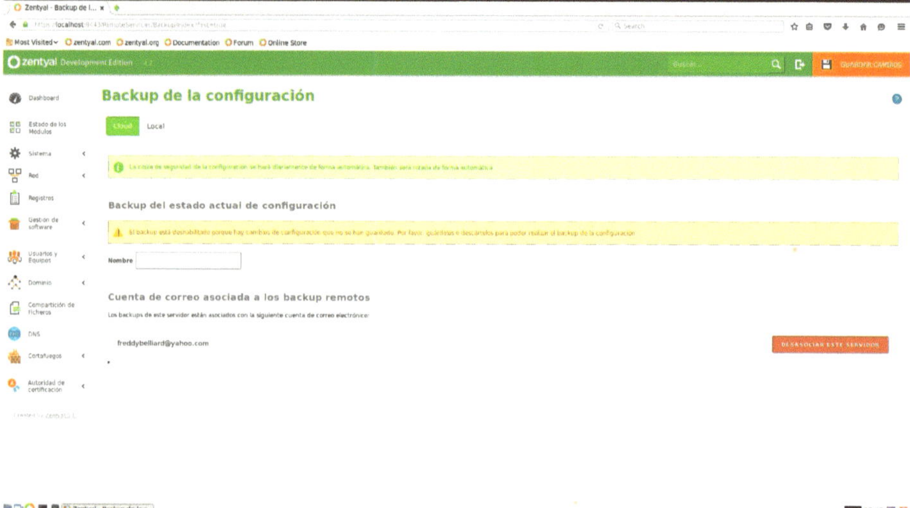

Para poder continuar debemos hacer clic en el botón de la esquina superior derecha "Guardar cambios".

4.1.4.C2.

Hacemos clic en "Guardar" para finalizar el guardado de los cambios.

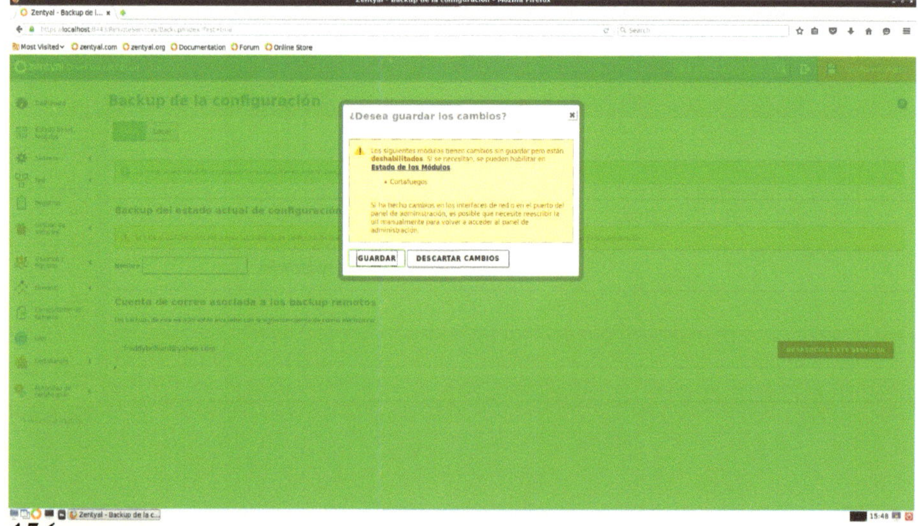

4.1.4.D1.

Una vez guardados los cambios, el botón de "copia de seguridad" aparece activado y podemos hacer nuestro primer backup.

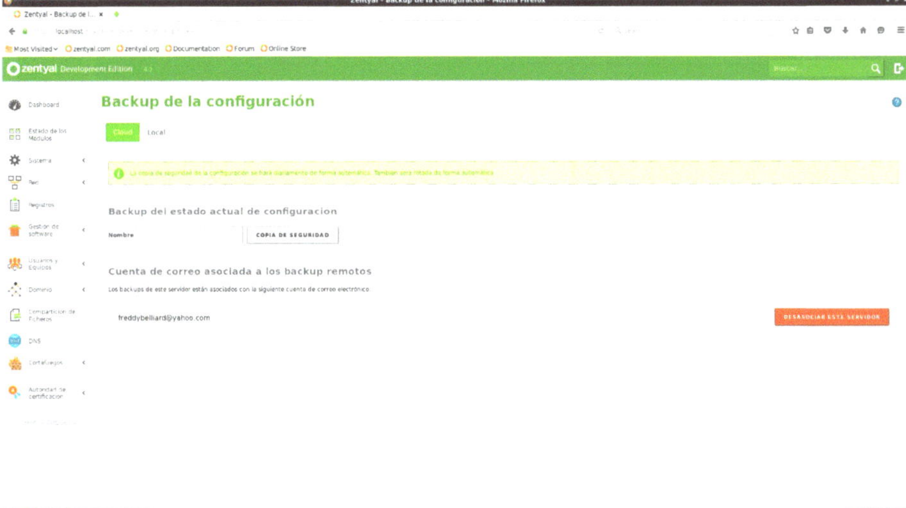

4.1.4.D2.

Introducimos el nombre del backup en la casilla "Nombre" y hacemos clic en el botón "copia de seguridad".

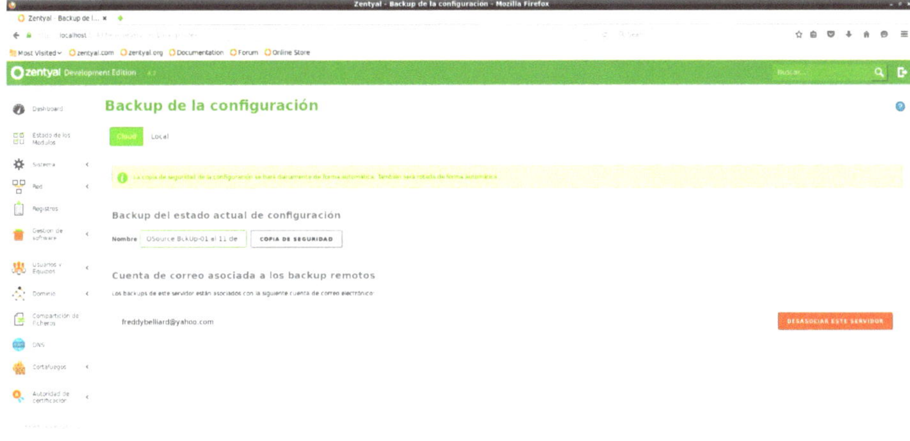

Es recomendable darle al backup un nombre representativo. Este debe incluir nombre del servidor, número de secuencia y fecha. La fecha debe ser especificada de la forma más clara posible.

4.1.4.D3.

El proceso de generación tomará unos cuantos minutos dependiendo de la velocidad del sistema y de la velocidad de la conexión a internet.

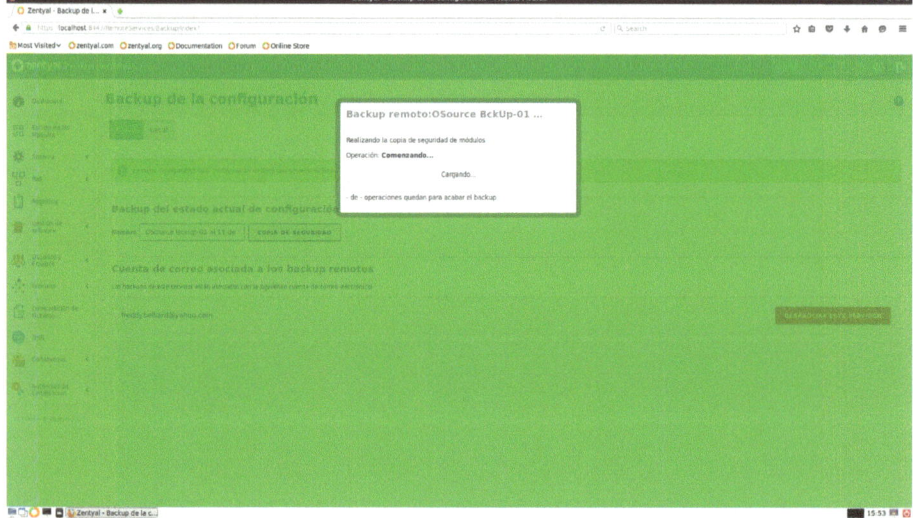

4.1.4.D4.

Una vez terminado el proceso, se puede ver el nombre del backup generado en la parte inferior de la pantalla. Obsérvese en "Lista de backups de configuración", el archivo "OSource BckUp-01 al 11 de Marzo del 20XX". Este Está compuesto por la abreviatura del nombre del servidor, el tipo de archivo (Backup abreviado), la secuencia del archivo y la fecha detallada.

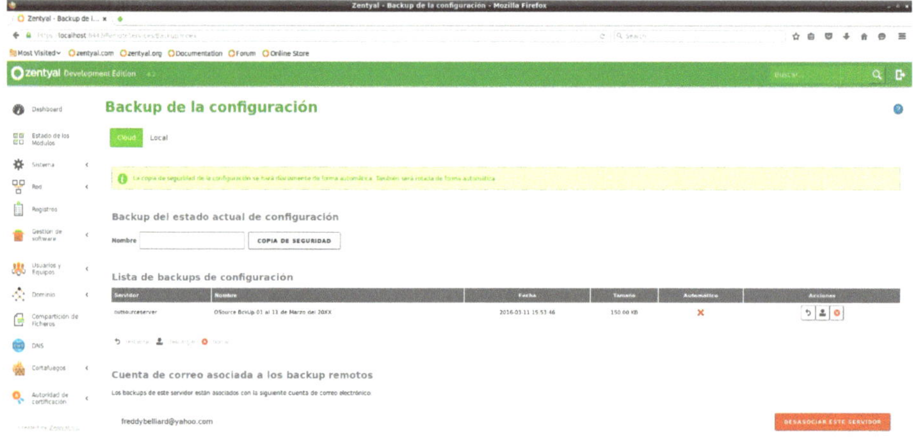

El proceso ejecutado representa la creación de respaldo remoto. Este backup puede ser restaurado, descargado o eliminado, mediante el uso de los botones debajo del título "Acciones" en la lista de archivos de respaldo.

4.1.4.E1.

Esta es la pantalla de backups locales. Al igual que la figura 4.1.4.D1, podemos hacer respaldos de configuración. La diferencia es que los respaldos permanecen en el servidor y no necesitan una cuenta de usuario para crearlos.

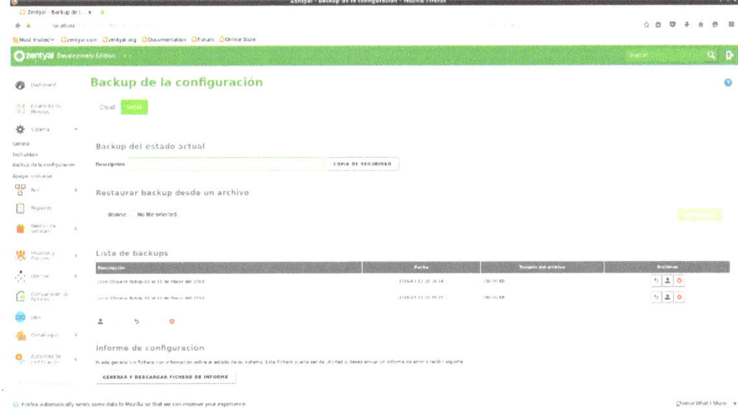

4.1.4.E2.

Introducimos un nombre con el mismo formato de la figura 4.1.4.D2. Esta vez agregamos un prefijo que diferencie su condición de local. Esto ayuda a diferenciarlos cuando descargamos las configuraciones. Para guardar el backup hacemos clic en "copia de seguridad".

Al igual que el backup remoto, al backup local debe dársele un nombre representativo. Este debe incluir el prefijo "Local", el nombre del servidor, número de secuencia y fecha. La fecha debe ser detallada sin abreviaturas.

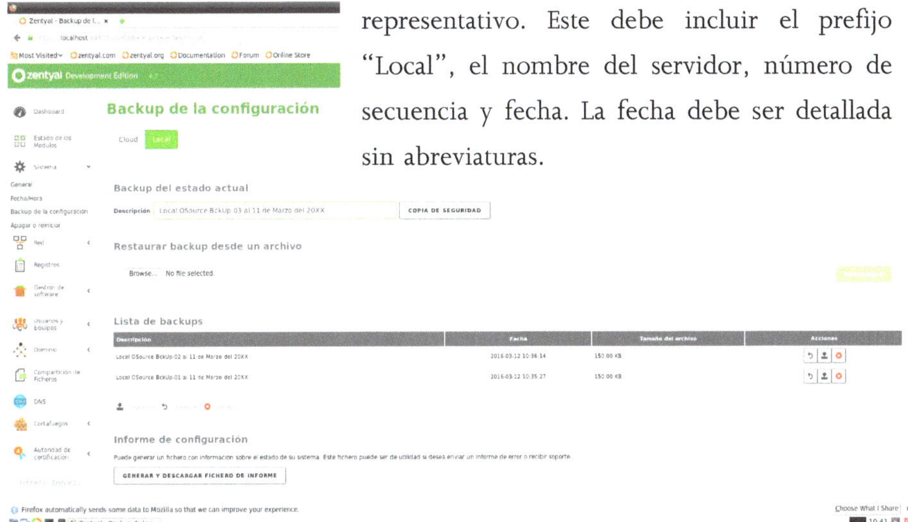

4.1.4.E3.

El proceso de backup lleva cierto tiempo después de presionado el botón para generarlo. El tiempo de duración varía conforme el servidor es configurado con más detalle.

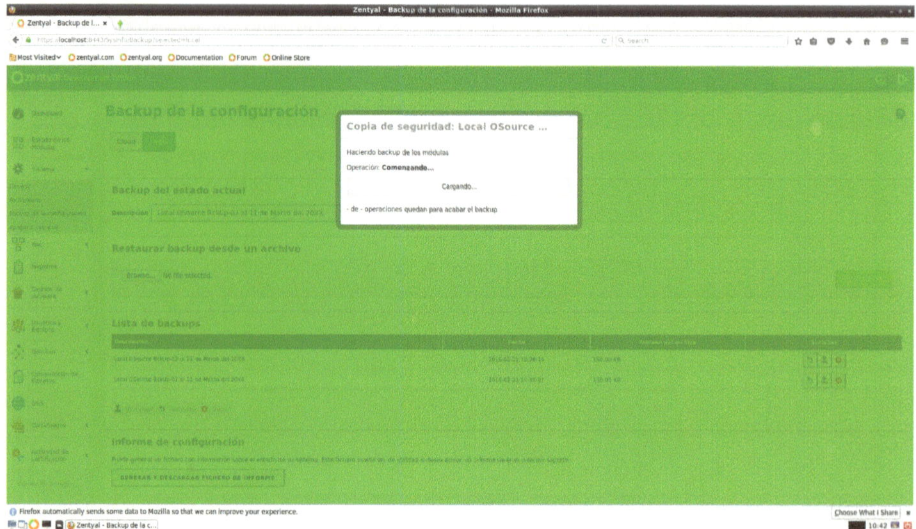

4.1.4.E4.

El backup fue generado y hacemos clic para proseguir.

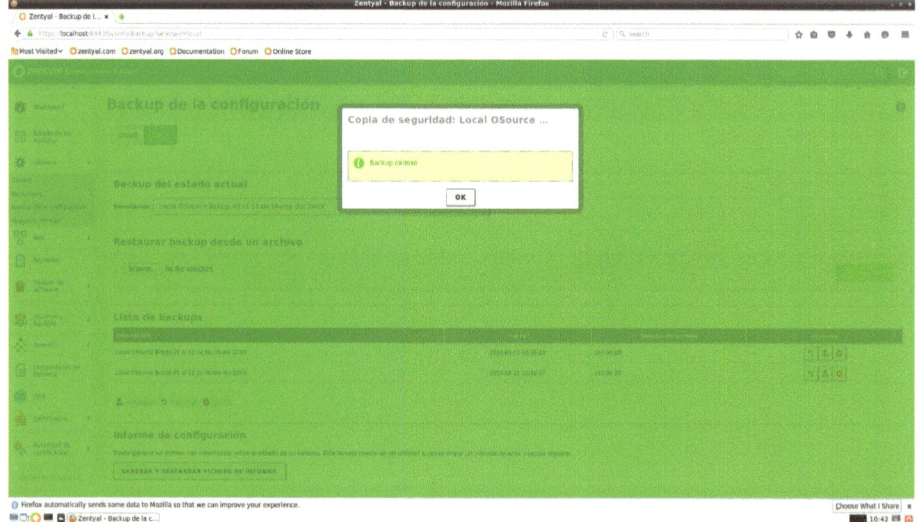

4.1.4.F.

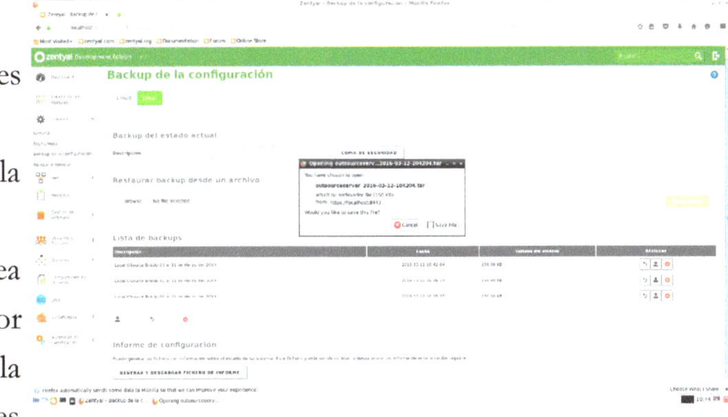

Muchas veces necesitamos descargar la configuración guardada, ya sea para mandarla por correo, almacenarla en otros servidores, o solamente por precaución. Al igual que la figura 4.1.4.D4, los backups locales también pueden ser descargados. Hacemos clic en el botón de descarga, en la lista de backups de configuración, debajo del título "Acciones". Hacemos clic en "Save File" o "Guardar Archivo". El archivo es generalmente almacenado en "/home/nombre de usuario/Descargas", en nuestro caso "/home/unsketch/Descargas".

4.1.4.G1.

Para restaurar un backup, local o remoto, hacemos clic en restaurar de "Acciones" en la lista de respaldos. Sin embargo para restaurar un backup que hemos descargado al servidor, debemos hacer clic en "Browse" o "Navegar" del menú "Restaurar backup desde un archivo". Una vez tenemos la ventana de archivos, procedemos a localizar la ruta antes mencionada en 4.1.4.F, o sea la ruta donde hemos almacenado el archivo. Seleccionamos el archivo al hacer clic en él, y presionamos "Open" (Abrir).

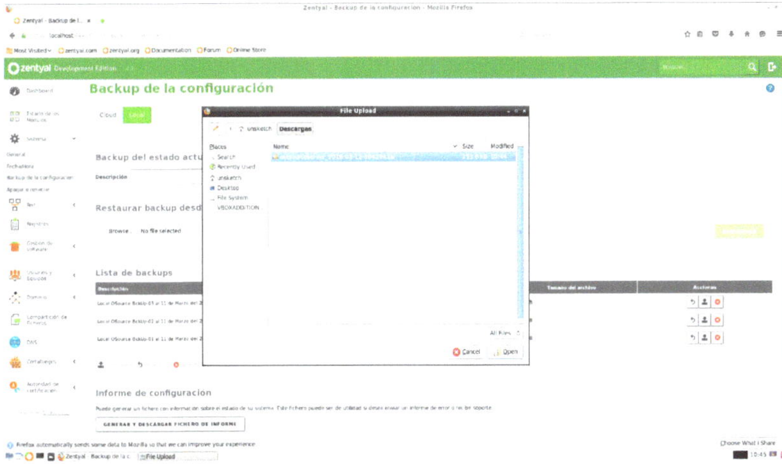

4.1.4.G2.

Aquí podemos ver que archivo ha sido seleccionado, ya que a la derecha tiene un cotejo de aceptación. Hacemos clic en “Restaurar” al final y a la derecha del nombre de archivo.

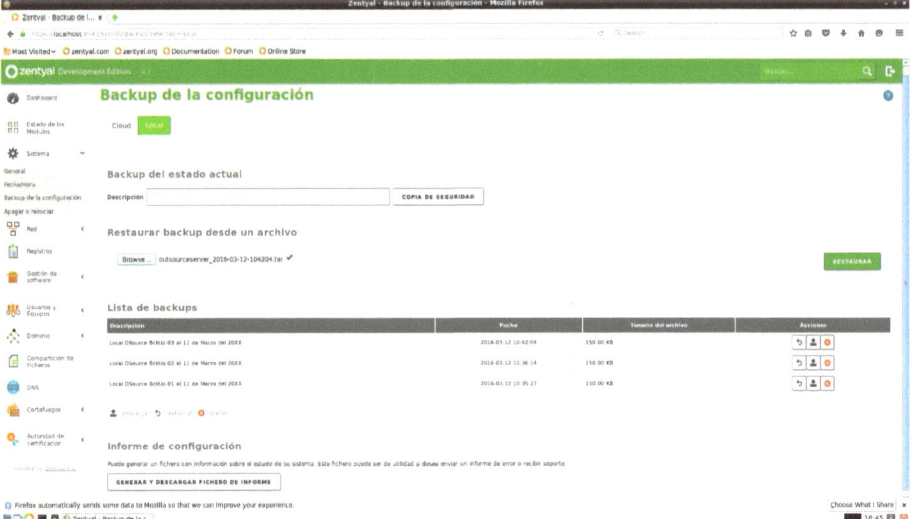

4.1.4.G3.

En esta ventana emergente, hacemos clic en “Restaurar” para aceptar o en “Cancelar” para abortar la restauración.

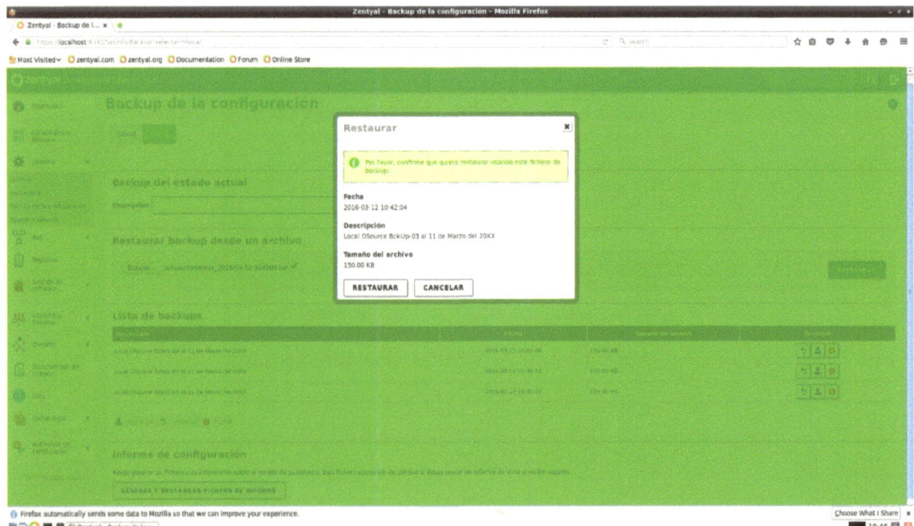

4.1.4.G4.

El proceso de restauración toma unos cuantos minutos y varía dependiendo del tamaño del archivo y de la cantidad de configuraciones a realizar desde éste.

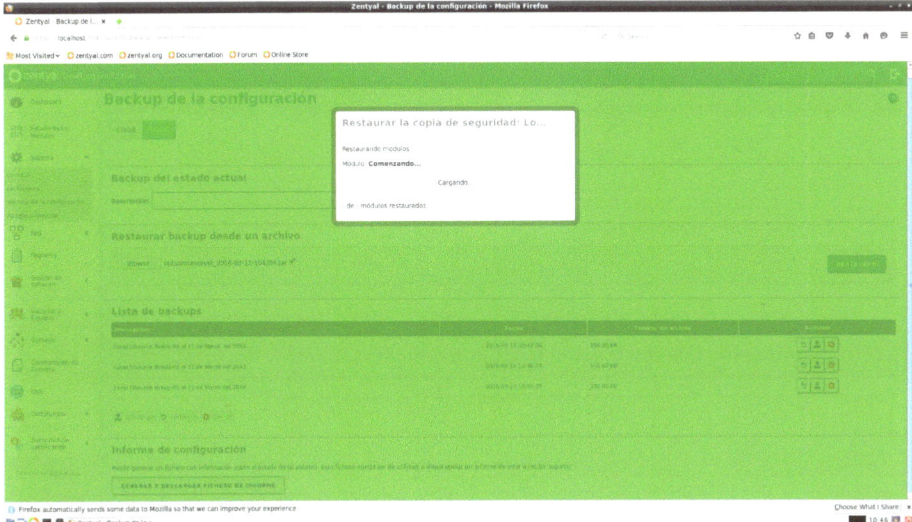

4.1.4.G5.

Una vez terminado, presionamos "ok" para proseguir.

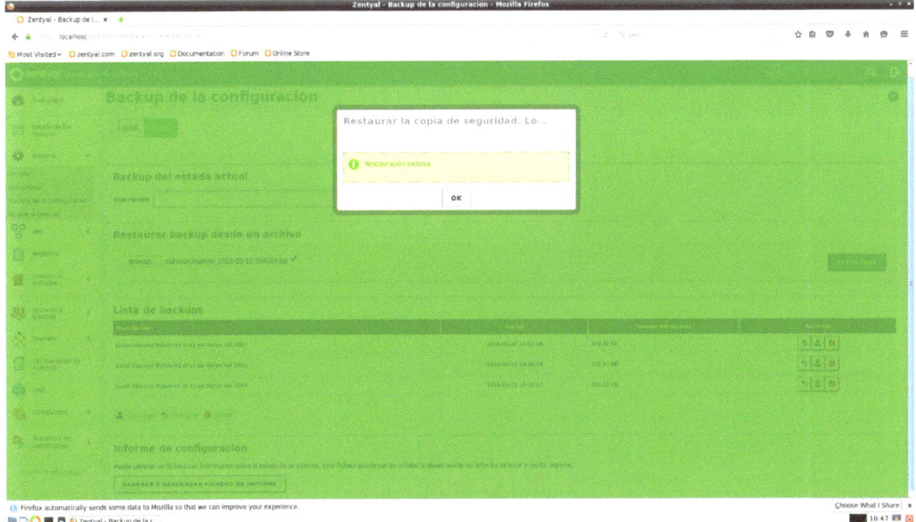

4.1.4.H1.

Al igual que la figura 4.1.4.C1, debemos guardar los cambios para hacerlos permanentes.

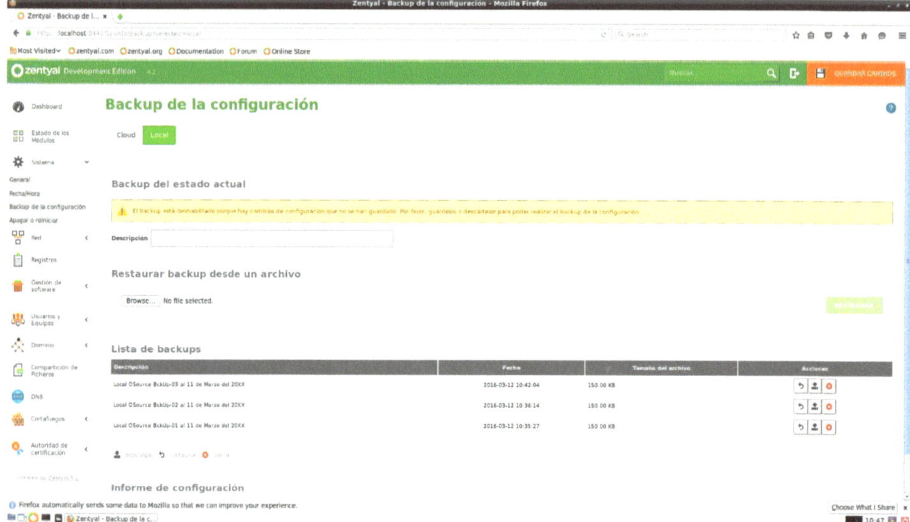

4.1.4.H2.

Hacemos clic en "Guardar" para confirmar.

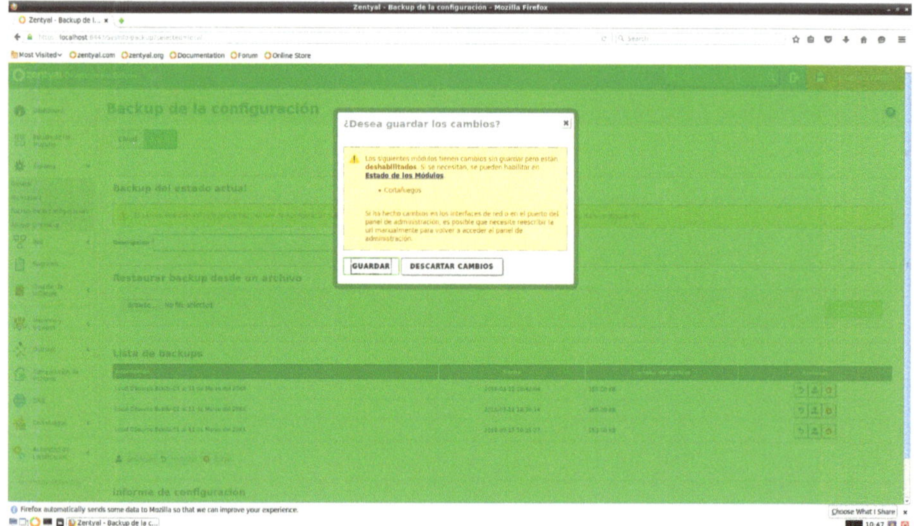

4.1.4.H3.

Los cambios son aplicados mientras esperamos.

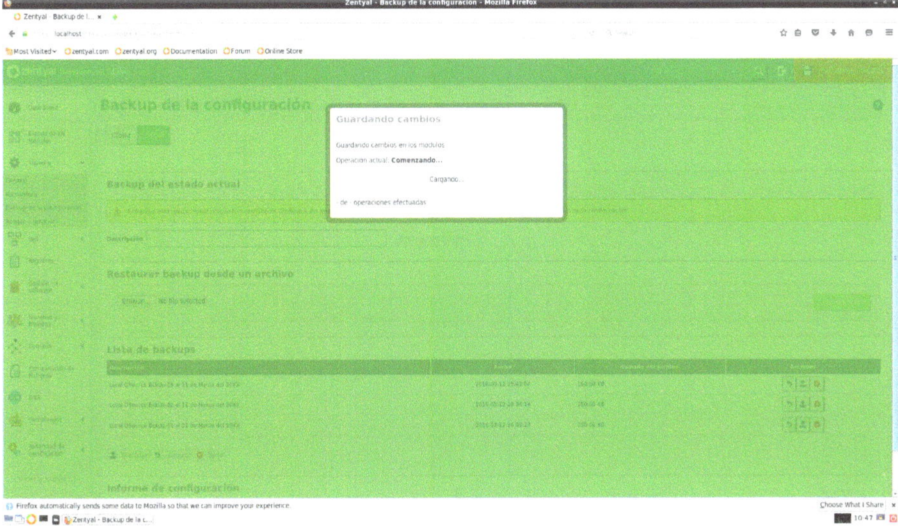

4.1.4.H4.

Presionamos "ok" para finalizar. La restauración se ha realizado exitosamente.

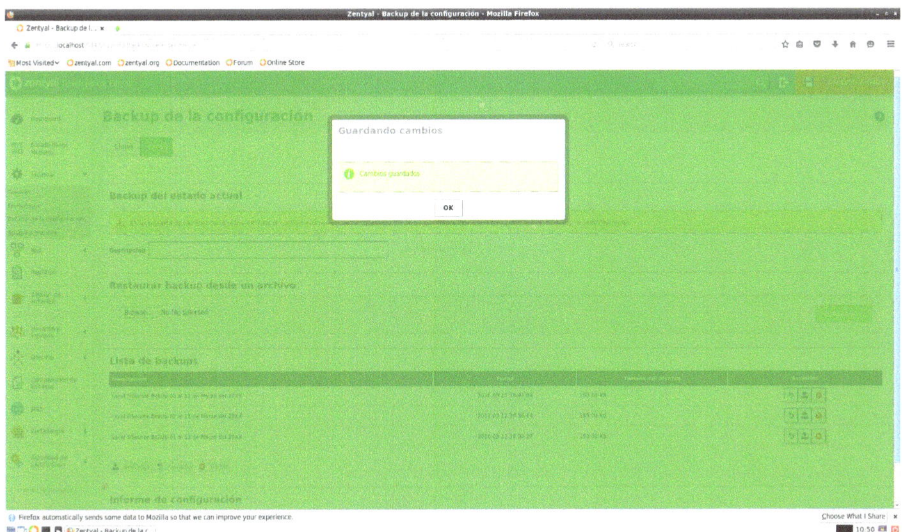

Hasta aquí hemos cubierto la gestión de backups de configuración en sus tres vertientes backup local, backup remoto y restauración de backup.

Configuraciones de red.

Hasta el momento, no se ha configurado la red del servidor. Debemos introducir los datos de nuestra red para poder accederla y a los recursos que ésta provee.

Para configurar la red del servidor apropiadamente, se deben configurar las siguientes secciones:

- Interfaces
- Puertas de enlace

La configuración de cada una de estas dependerá de la red en la que se instale el servidor, así como los servidores de nombre de dominio del proveedor de internet.

4.1.4.I1.

En el menú, seleccionamos "Red" y luego "Interfaces".

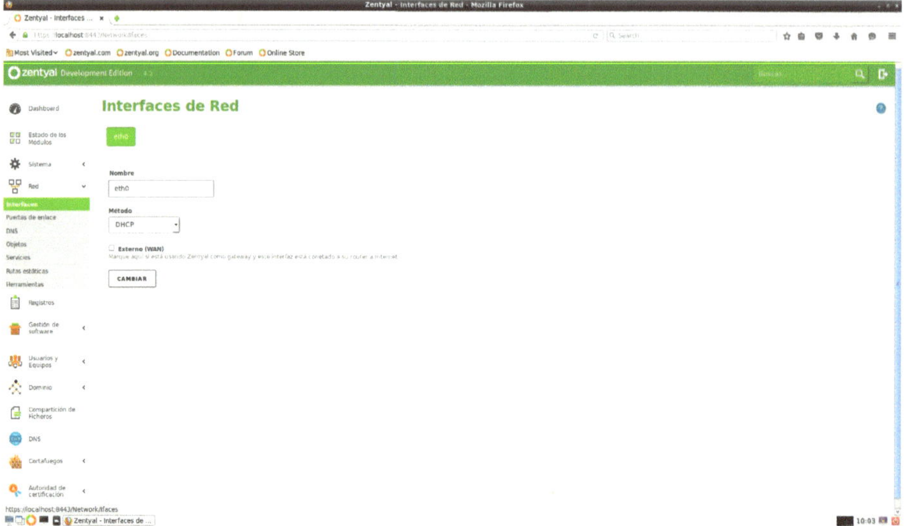

4.1.4.12.

Aquí podemos ver varias opciones, entre las que se destacan "DHCP" y "Estático". La primera indica que la red será configurada al seleccionar una dirección de red y puerta enlace automáticamente. La segunda indica que la configuración se hará de forma manual.

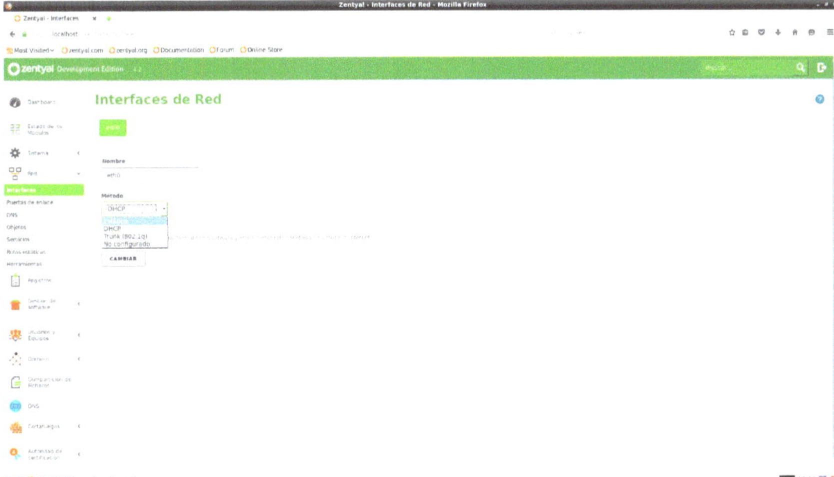

4.1.4.13.

Seleccionamos la opción "Estático" e introducimos la dirección de red y su máscara. La dirección de red y su máscara dependen del rango de la direcciones de la red. No debemos marcar la opción "Externo", pues el módulo Firewall hará inaccesibles todos los servicios del servidor a la red. Al terminar, presionamos "Cambiar".

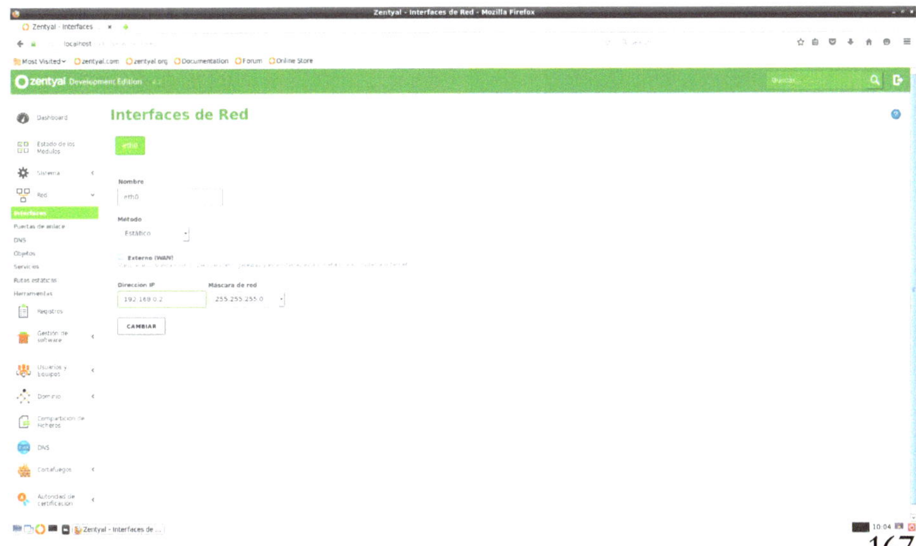

4.1.4.I4.

Este mensaje indica que la configuración que estamos haciendo, afectara a uno o varios módulos de Zentyal. Presionamos "Aceptar" para continuar. En esta parte no presionamos guardar cambios, pues nos falta un último paso.

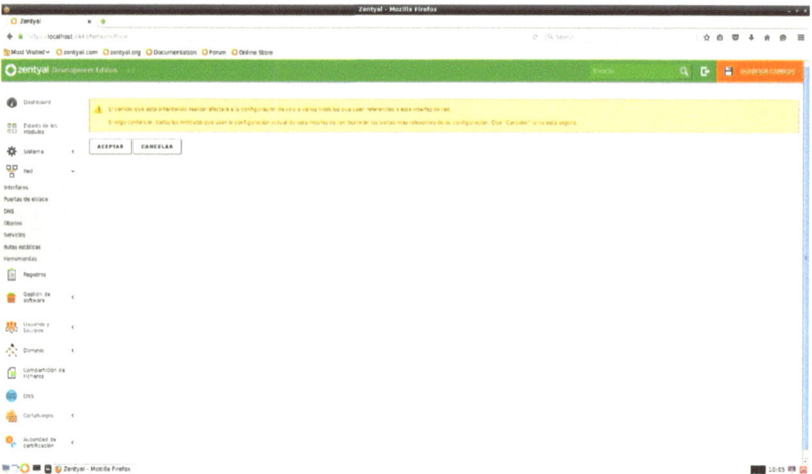

4.1.4.J1.

Aquí seleccionamos "Puertas de enlace", justo debajo de "Interfaces". Hacemos clic en "Añadir Nuevo/a", para agregar una nueva puerta de enlace. La puerta de enlace es la dirección de red por la que todos los equipos red salen a internet. Generalmente es de la forma XX.XX.XX.1. En el caso nuestro es: 192.168.0.1.

4.1.4.J2.

Aquí nos aseguramos que las opciones "Habilitado" y "Predeterminado" estén marcadas. Le damos un nombre a nuestra puerta de enlace e introducimos el IP. Al finalizar presionamos añadir.

4.1.4.J3.

En esta parte, presionamos "Guardar cambios" para finalizar la configuración de la red. Presionamos el botón "Guardar" en la ventana emergente para confirmar. Y luego "ok" para finalizar.

4.1.5. Configuración de usuarios

A partir de este punto, nos encontramos en el núcleo de las actividades del servidor. El servidor se centrará en tres procesos principales:

- •La gestión de usuarios,
- •La administración de recursos de red
- •La gestión de accesos.

De éstos, los usuarios son la primera parte a configurar dentro de nuestro servidor.

Cada vez que se realice un cambio en el servidor, será necesario presionar "Guardar cambios" para confirmar y luego "guardar" y "ok". Es un ciclo que se hará común en la gestión de servidores Zentyal.

4.1.5.A. Gestión de Usuarios

Para comenzar la gestión de los usuarios seleccionamos "Usuarios y Equipos" del menú. Dentro de éste seleccionamos "Gestionar", pero antes daremos un vistazo a "Plantilla de Usuarios". En esta ventana podemos ver las opciones de cuenta por defecto. La configuración de la cuota de usuario por defecto, permite establecer con qué espacio cuenta cada usuario al momento de ser creado. Esta limitante puede deshabilitarse por defecto con hacer clic en "Limitada a" y cambiarlo por "Deshabilitado". Dejamos esta opción intacta.

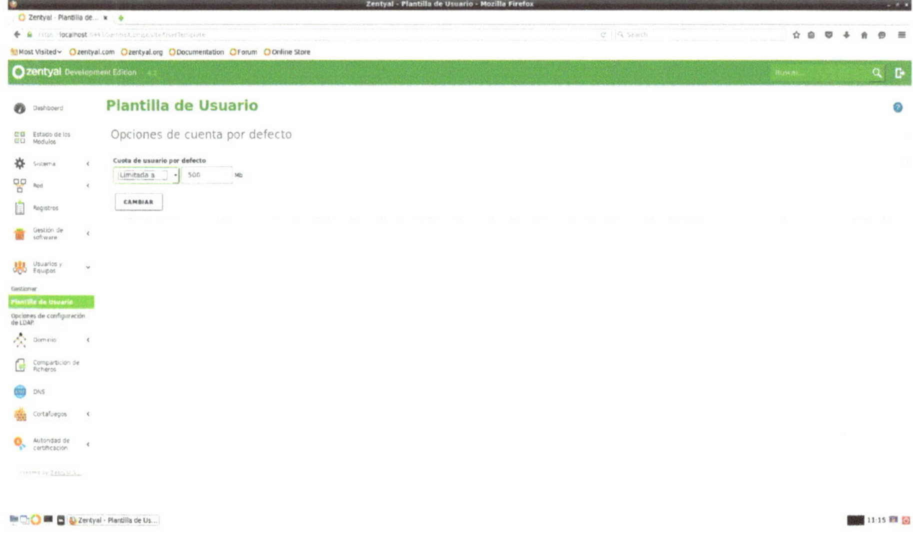

4.1.5.B1.

En la opción "Gestionar", se nos presenta una ventana con varias carpetas: Computers, Groups , Users y Domain Controllers. Nos centraremos en Groups (Grupos) y Users (Usuarios). Hacemos clic en la carpeta Users y luego presionamos el botón (+) en la parte inferior.

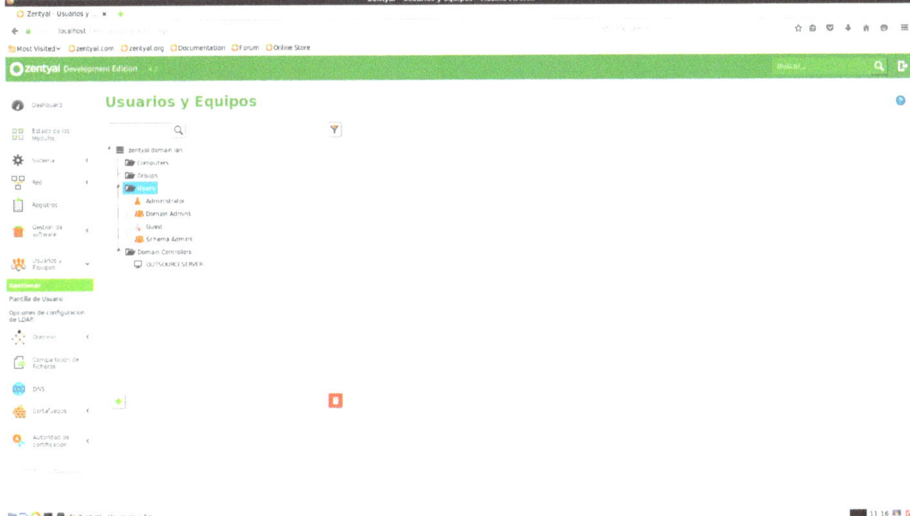

4.1.5.B2.

Aquí tenemos una ventana con opciones a la izquierda para trabajar con usuarios, grupos, contactos y unidades organizativas. La primera opción nos muestra los campos necesarios para crear usuarios.

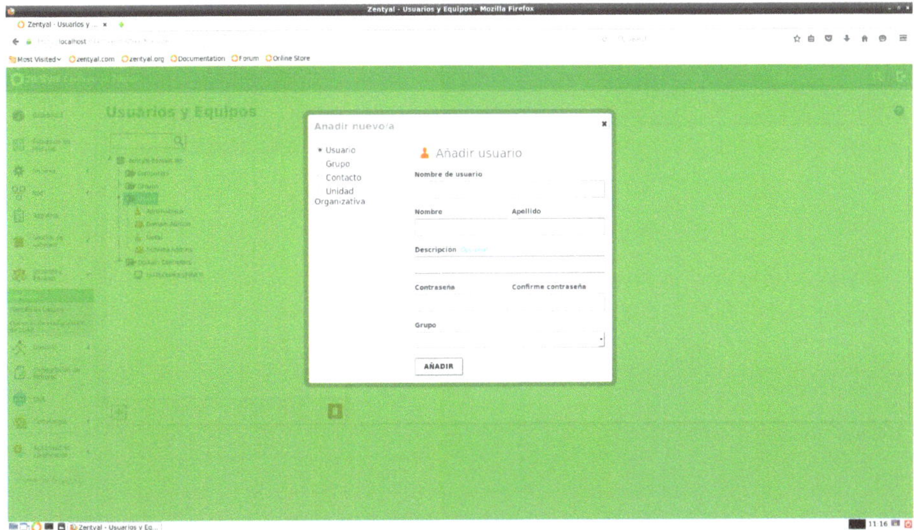

4.1.5.B3.

La segunda opción nos muestra los campos a llenar para crear grupos.

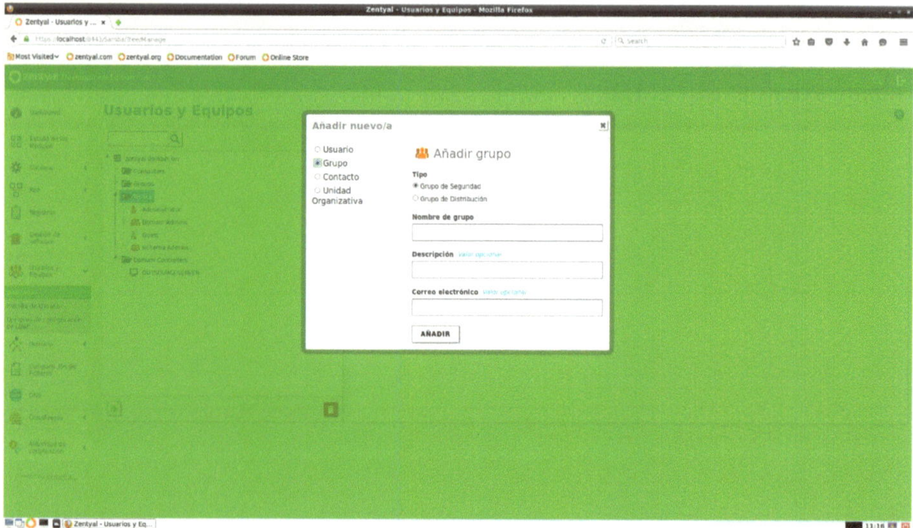

4.1.5.C1.

Volvemos a la opción de usuarios e introducimos la información de nuestro primer usuario. El campo "Nombre de usuario" es el identificador que se usará adjunto al campo "Contraseña" para acceder a los recursos compartidos por el servidor.

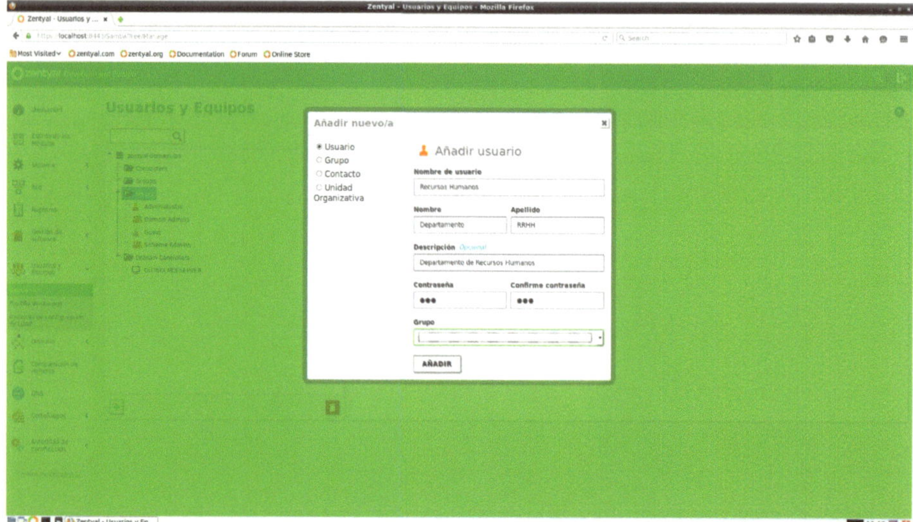

4.1.5.C2.

Al hacer clic en el nombre del usuario debajo de la carpeta “Users”, se puede observar todos los campos adicionales de usuario, los cuales no aparecían durante su creación inicial. La cuota de usuario y el correo electrónico aparecen en esta ventana en caso de necesitar modificarlos. En caso de modificar al usuario, debemos presionar “Cambiar” para hacerlo permanente.

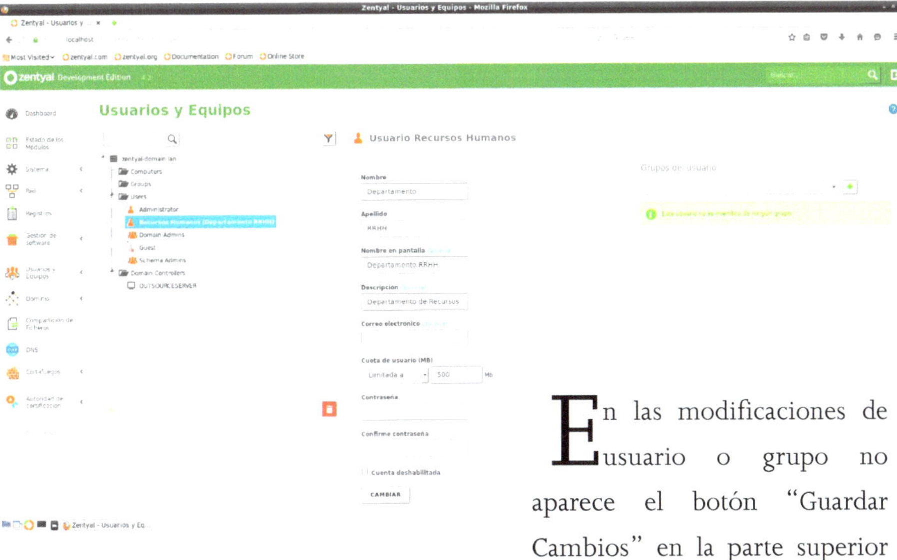

En las modificaciones de usuario o grupo no aparece el botón “Guardar Cambios” en la parte superior derecha.

4.1.5.C3.

Hacemos clic en la carpeta “Users” y luego presionamos el botón (+) para agregar un segundo usuario.

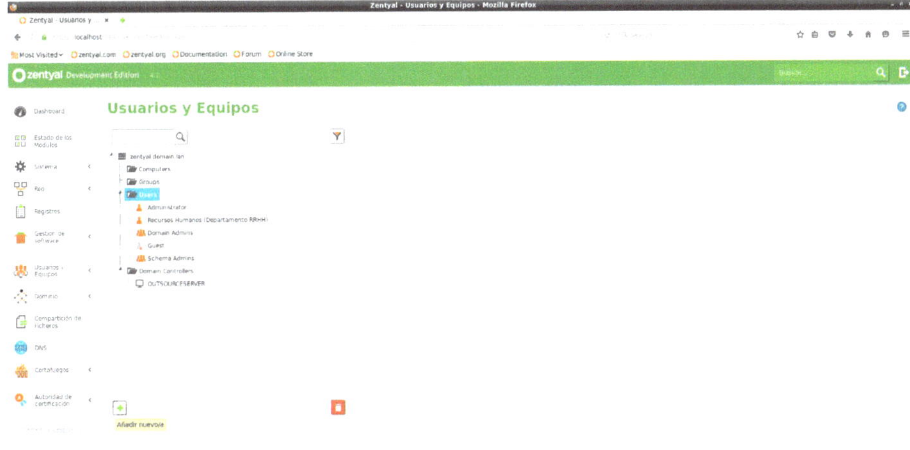

4.1.5.C4.

Realizamos el proceso de igual forma que con el usuario anterior.

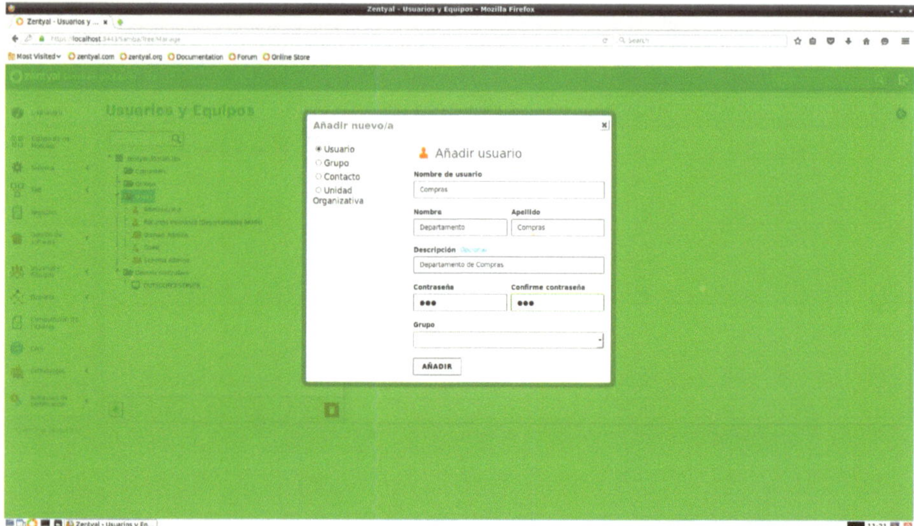

4.1.5.C5.

Los dos usuarios creados aparecen resaltados a continuación.

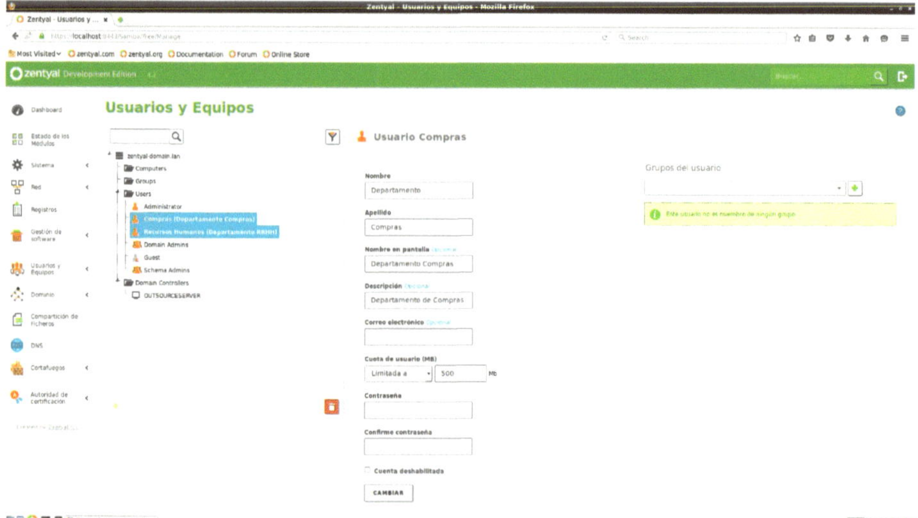

4.1.5.D1.

En esta parte nos disponemos a crear nuestro primer grupo. Un grupo es una colección de usuarios que pueden tener accesos comunes a un recurso compartido. Hacemos clic en el folder "Groups" y luego en el botón (+) para crear nuestro primer grupo.

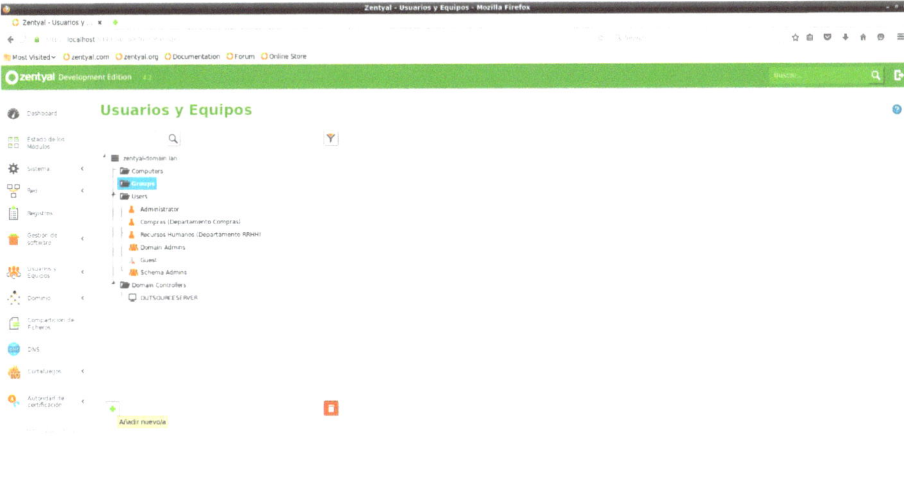

4.1.5.D2.

Existen dos tipos de grupos, el de seguridad y el de distribución. En este caso dejamos la opción "Grupo de Seguridad" seleccionado. Introducimos el nombre del grupo y la descripción. Dejamos el campo "Correo electrónico" vacío y presionamos "Añadir".

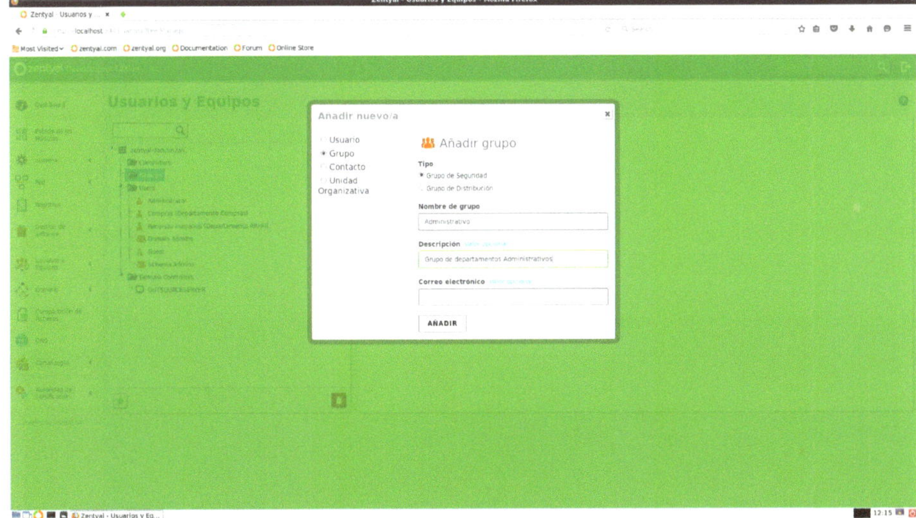

4.1.5.D3.

Aquí podemos ver el grupo "Administrativo" ya creado.

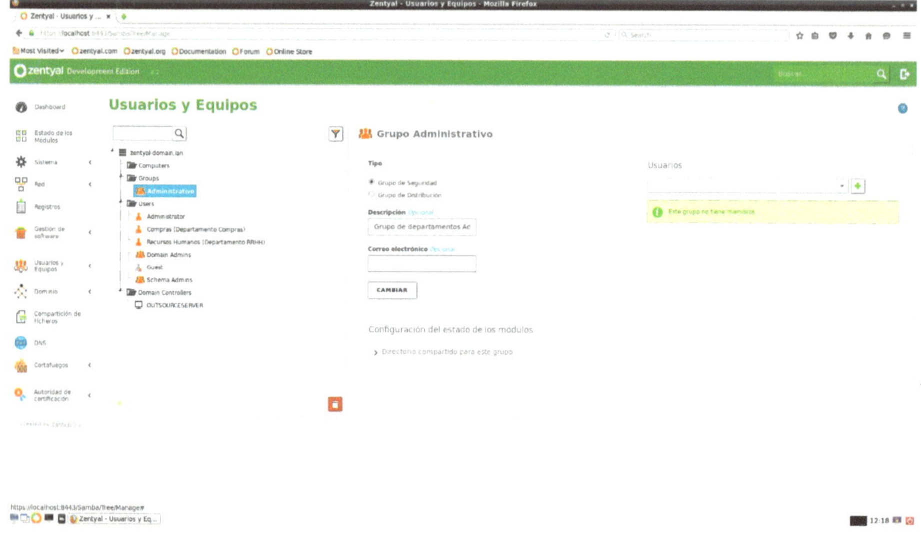

Agregando usuarios a grupos

Tenemos los usuarios iniciales del servicio y tenemos el grupo para dicho usuarios. Ahora sólo tenemos que introducir los usuarios al grupo. Para esto, hay dos formas:

- Agregar los grupos al usuario desde la edición de usuarios.
- Agregar los usuarios al grupo desde la edición de grupos.

En ambos casos el usuario es enrolado al grupo. Realizaremos ambos formatos del agregado de usuarios al grupo.

4.1.5.E1.

Entramos al folder "Users" y seleccionamos al usuario "Recursos Humanos". A la derecha, hacemos clic en la casilla desplegable debajo de "Grupos del usuario".

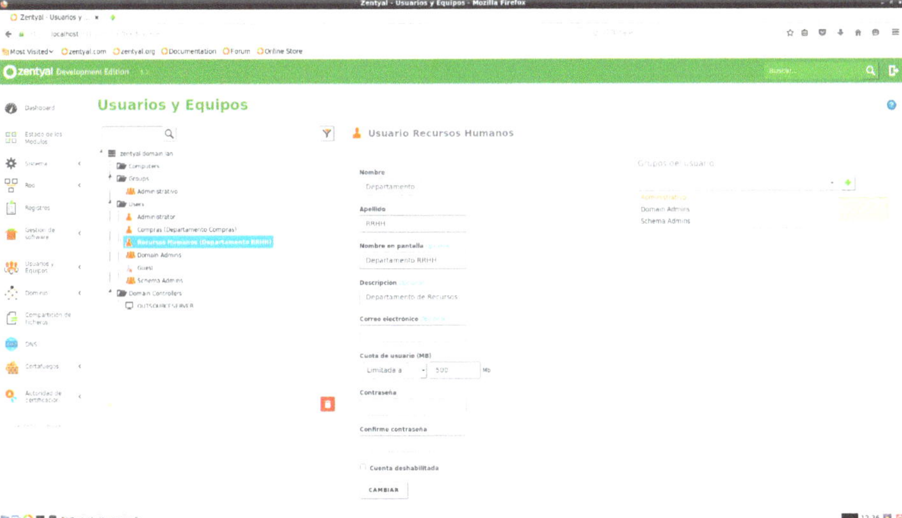

4.1.5.E2.

Seleccionamos el grupo "Administrativo", al hacer clic en éste. Presionamos el botón (+) al lado de la casilla desplegable para añadirlo.

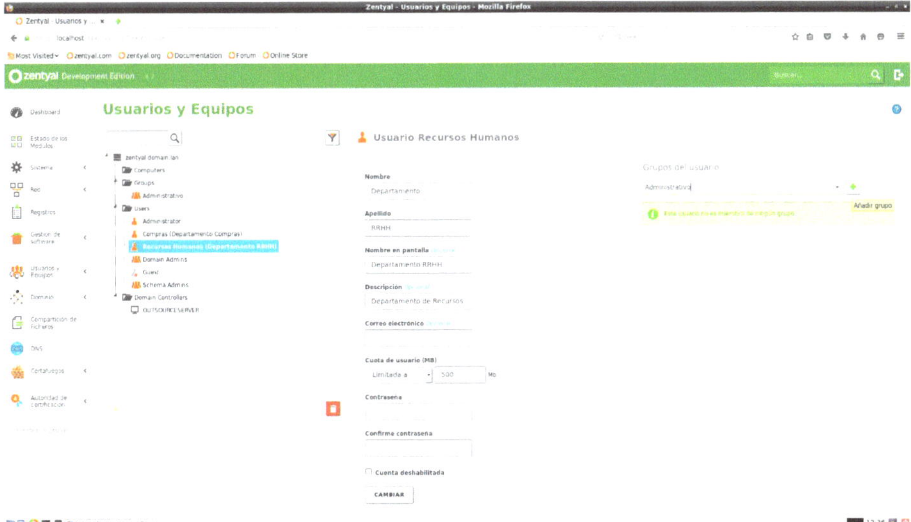

4.1.5.E3.

Para finalizar hacemos clic en "Cambiar". Ya tenemos un usuario enrolado al grupo administrativo.

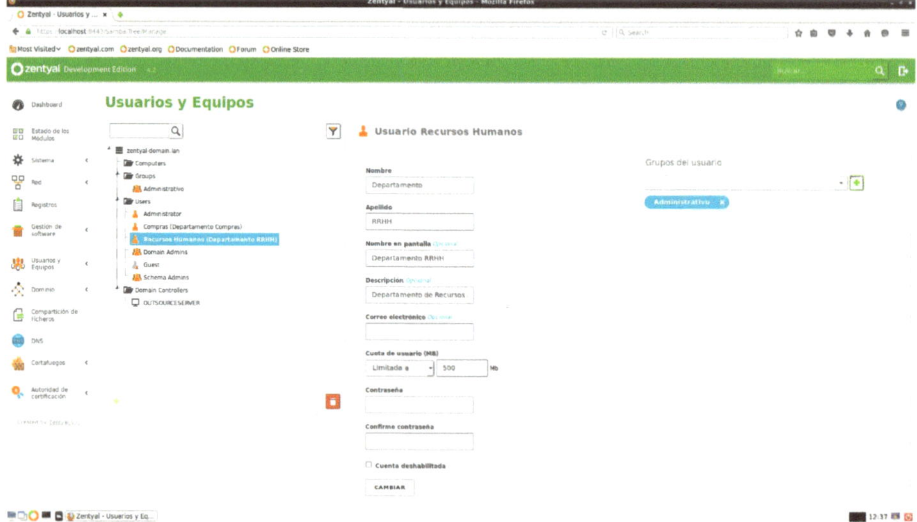

4.1.5.F1.

Para agregar el departamento de Compras a "Administrativo", hacemos clic en el grupo dentro del folder "Groups". Ahí podemos ver que el usuario "Recursos Humanos" ya está agregado.

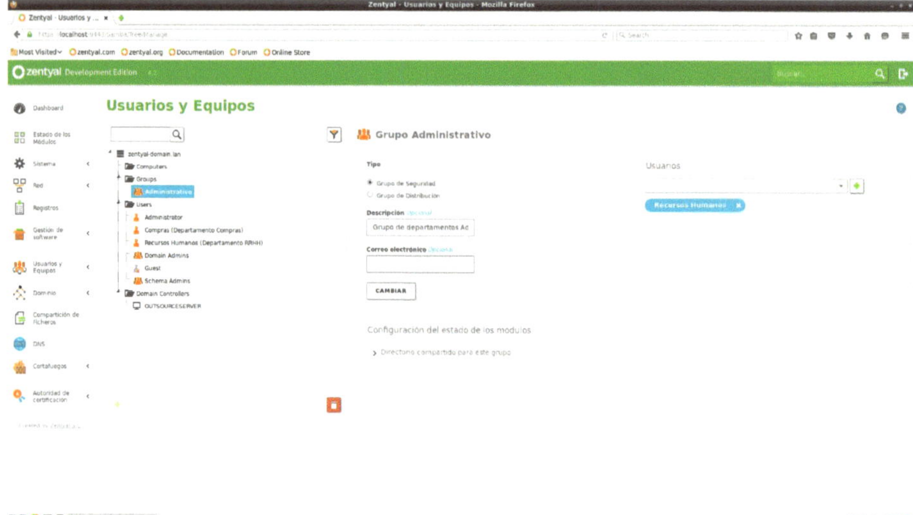

4.1.5.F2.

Hacemos clic en la casilla desplegable de "Usuarios" a la derecha y seleccionamos "Compras".

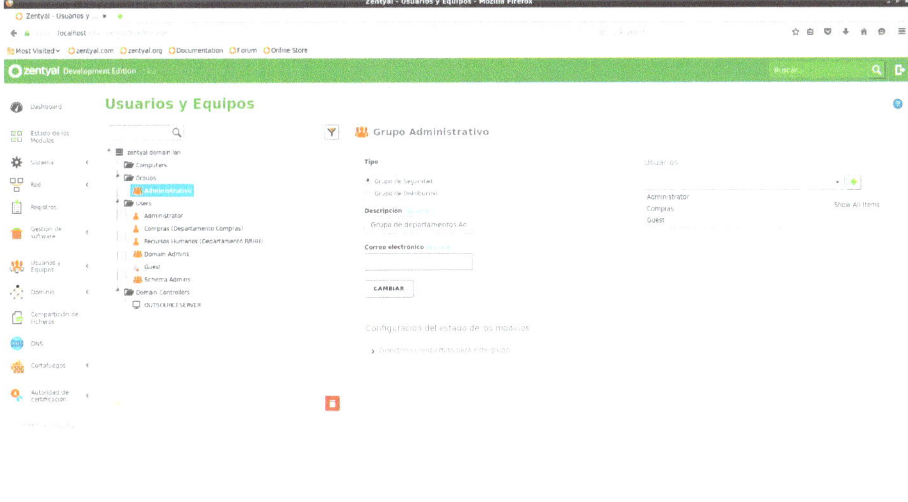

4.1.5.F3.

Presionamos el botón (+), a la derecha de la casilla, para agregar al departamento al grupo administrativo.

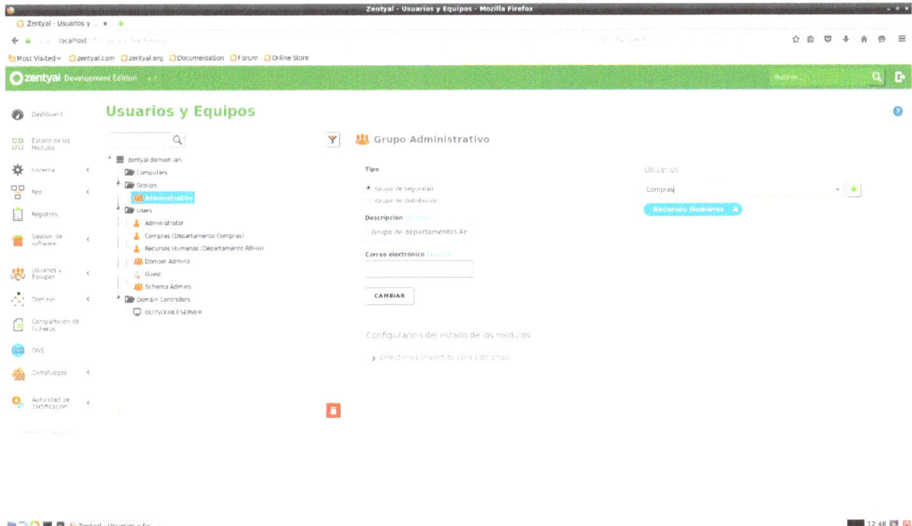

4.1.5.F4.

Hacemos clic en el botón “Cambiar” para hacer el ajuste permanente.

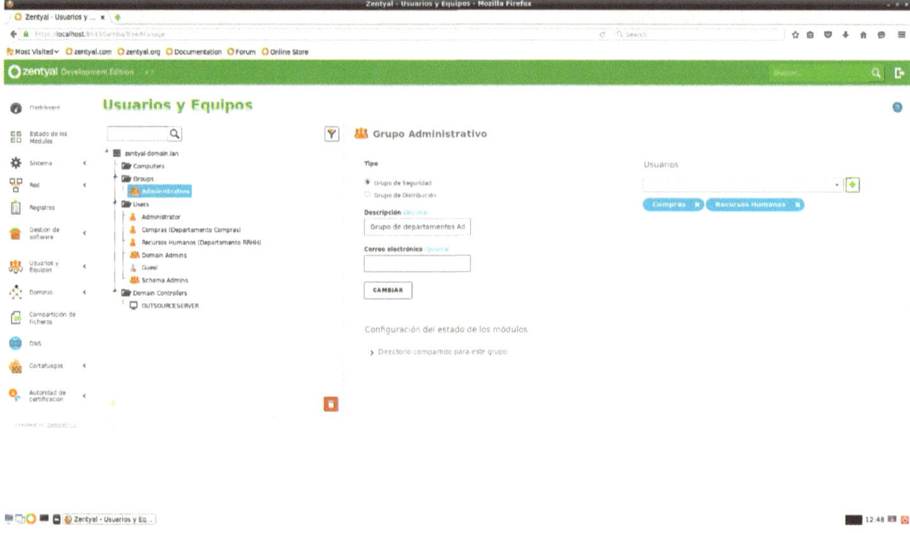

4.1.6. Administración de recursos de red

Una vez tenemos a los usuarios y grupos creados, lo que sigue es crear los recursos compartidos. Los recursos compartidos son las carpetas de usuario y de archivos, que son susceptibles a tener un nivel dado de seguridad y diversos usuarios con diferentes niveles de acceso.

Crearemos tres carpetas iniciales:

- •Una carpeta rrhh de recursos humanos.
- •Una carpeta compras para el departamento de compras.
- •Una carpeta administrativa para el grupo administrativo.

4.1.6.A.

Para crear las carpetas compartidas, hacemos clic en el menú "Compartición de Ficheros". Antes de iniciar con la creación de las carpetas compartidas, debemos habilitar el antivirus y la papelera de reciclaje.

4.1.6.B.

Para habilitar la papelera de reciclaje, hacemos clic en el botón del mismo nombre. Aquí hacemos clic en la casilla "Habilitar Papelera de Reciclaje " y presionamos "Cambiar".

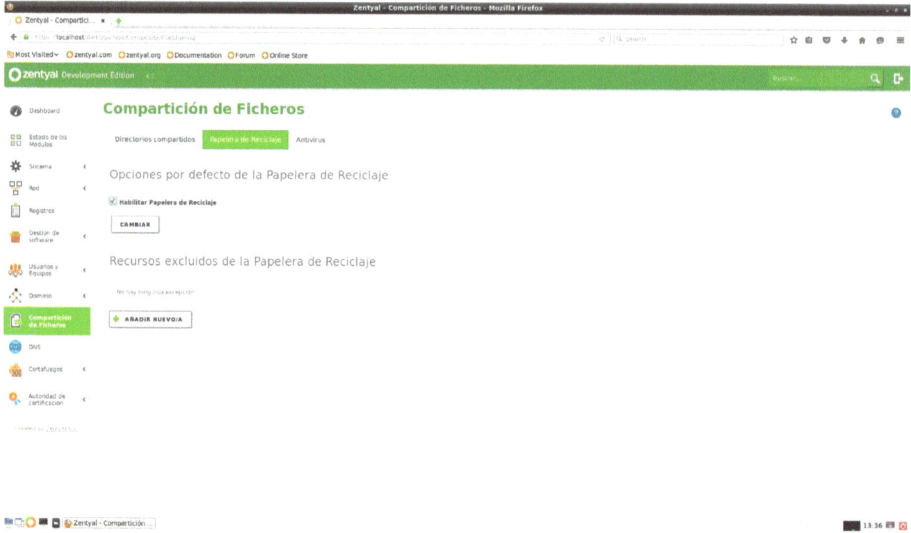

4.1.6.C.

Para habilitar el antivirus, hacemos clic en el botón "Antivirus". Después hacemos clic en la casilla "Habilitar antivirus" y presionamos "Cambiar". Al terminar hacemos clic en el botón "Guardar Cambios" en la esquina superior derecha, y luego "Guardar" y "ok". Hacemos clic en "Directorios compartidos".

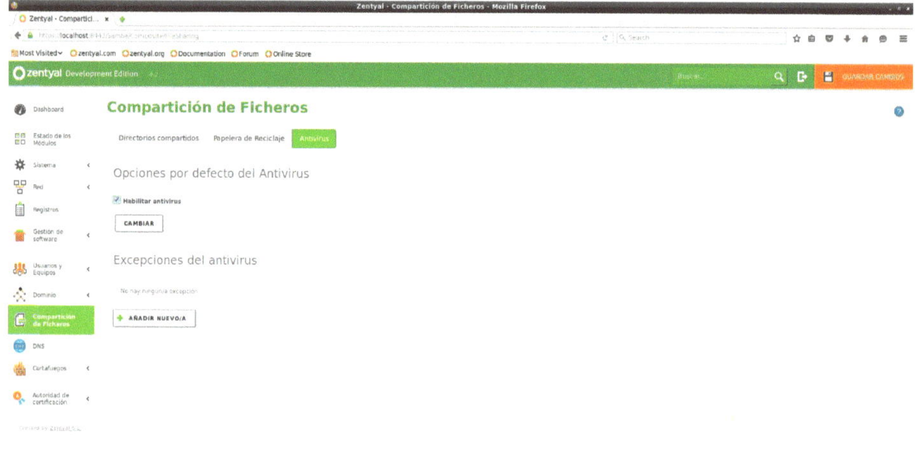

4.1.6.D.

Ahora hacemos clic en el botón "Añadir Nuevo/a".

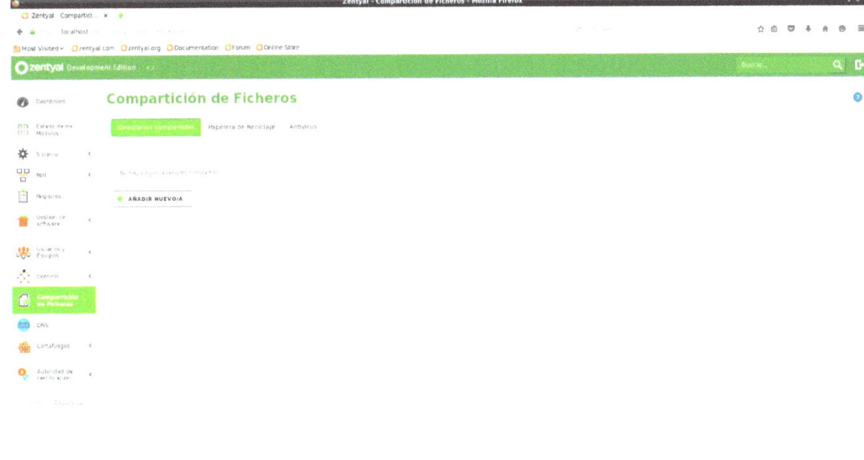

4.1.6.E.

Aquí nos aseguramos de que la casilla "Habilitado" y "Aplicar las ACLs recursivamente" estén marcados. Introducimos el nombre del recurso compartido, dejamos la opción "Directorio bajo Zentyal", ponemos el nombre de la carpeta en el servidor y agregamos una descripción o comentario acerca de la carpeta. No debemos presionar la casilla "Acceso de Invitado", a menos que deseemos dejar que todos los usuarios y no usuarios puedan acceder. Presionamos "Añadir" para agregar el folder compartido.

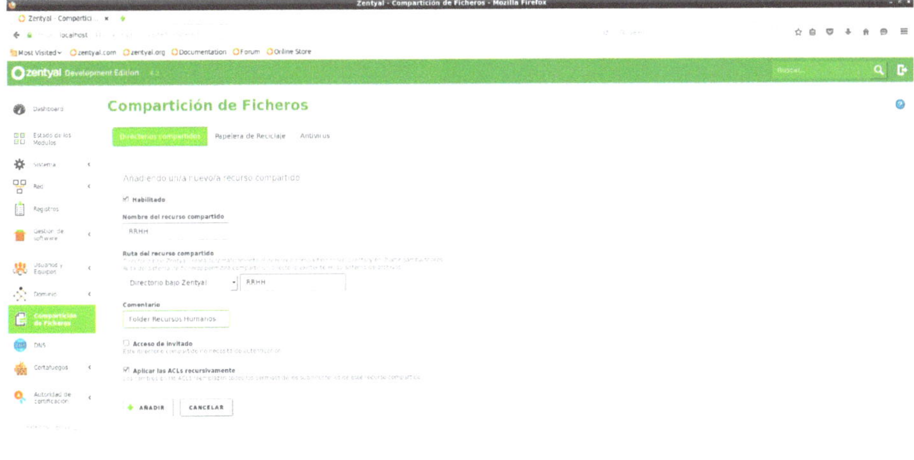

4.1.6.F.

Podemos ver el recurso compartido en la lista de folders compartidos. Repetimos el proceso de creación de carpetas compartidas hasta crear las tres antes mencionadas.

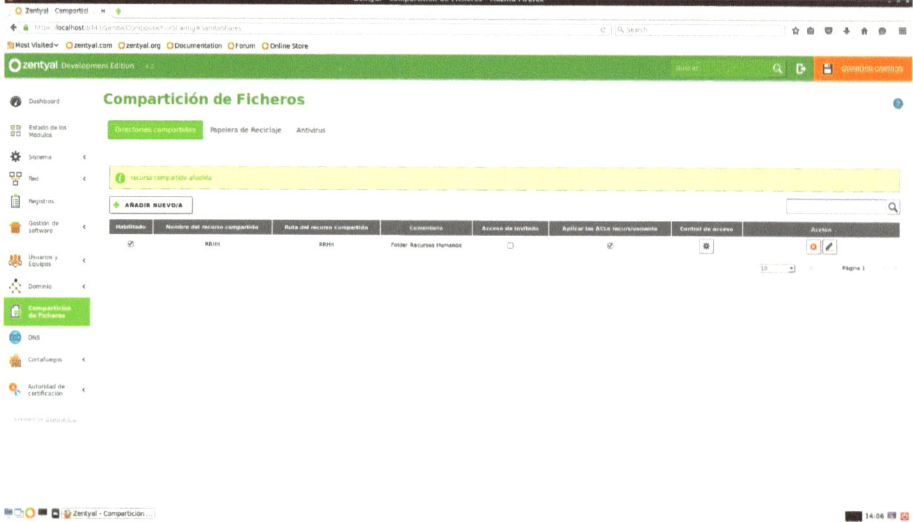

4.1.6.G.

El resultado se observa en la imagen siguiente. Para finalizar con esta parte presionamos el botón "Guardar Cambios".

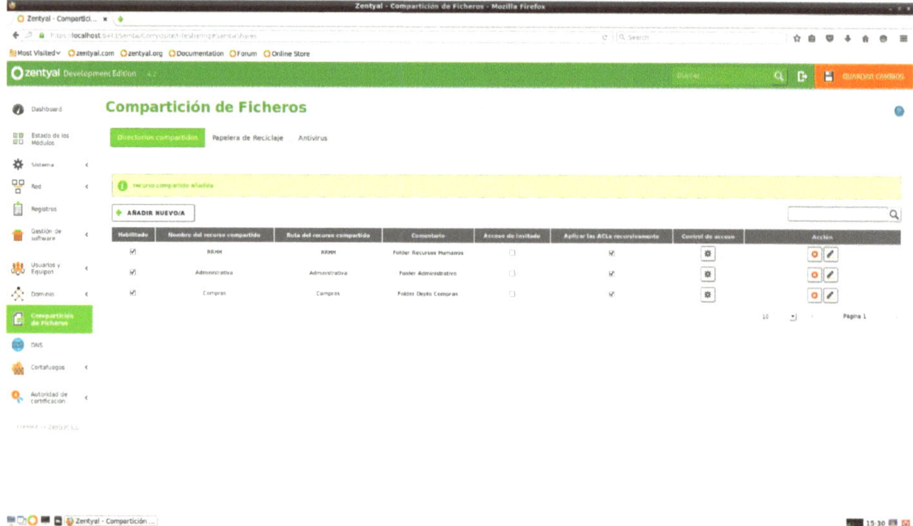

4.1.6.H.

Hacemos clic en "Guardar" y luego en "ok".

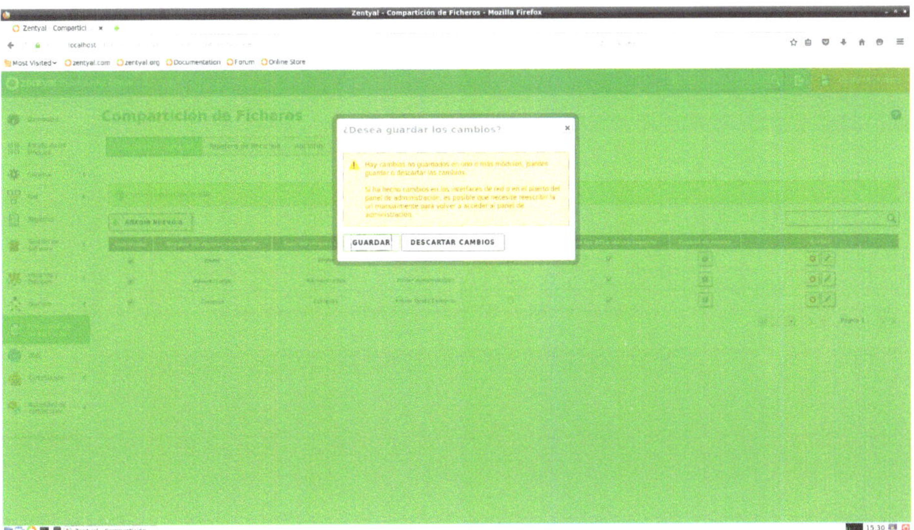

4.1.7. La gestión de accesos

Tenemos a los usuarios, grupos y recursos creados. El paso a seguir es crear el lazo funcional entre ellos, los accesos y permisos.

4.1.7.A1.

Tenemos los siguientes usuarios:

- •Recursos Humanos
- •Compras

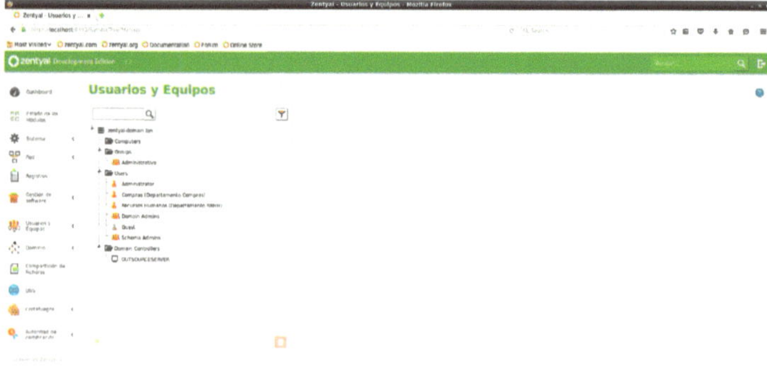

4.1.7.A2.

Tenemos las siguientes carpetas:

- •RRHH de recursos humanos.
- •Compras para el departamento de compras.
- •Administrativa para el grupo administrativo.

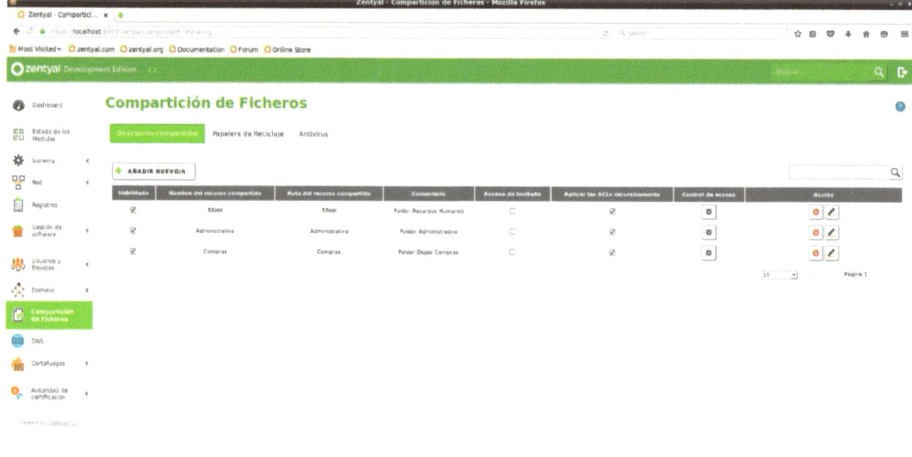

En Zentyal los permisos son de administración, lectura & escritura y sólo lectura. El primer permiso en el que se piensa es el de lectura y escritura, pero no en este caso. Lo primero es definir cuáles son los permisos de sólo lectura. Sabemos que hay aspectos administrativos tanto en Recursos Humanos como en Compras. Para Recursos Humanos es la gestión de personal y para Compras el inventario de suministros. Ambos departamentos rinden informes a la Gerencia Administrativa y a la Gerencia Financiera. En un folder compartido dichos departamentos preparan y almacenan reportes para dichas gerencias. El acceso de dichas gerencias no será cubierto, pues se asume que ambas tienen acceso de lectura y escritura.

El acceso de sólo lectura será brindado al grupo "Administrativo". Ya que Recursos Humanos y Compras son miembros del grupo "Administrativo", ambos tendrán acceso de solo lectura a través de esta filiación.

4.1.7.B.

Para asignar el primer permiso de sólo lectura, hacemos clic en la imagen de engranaje (Configurar) correspondiente en "Control de acceso", en la lista de "Compartición de Ficheros".

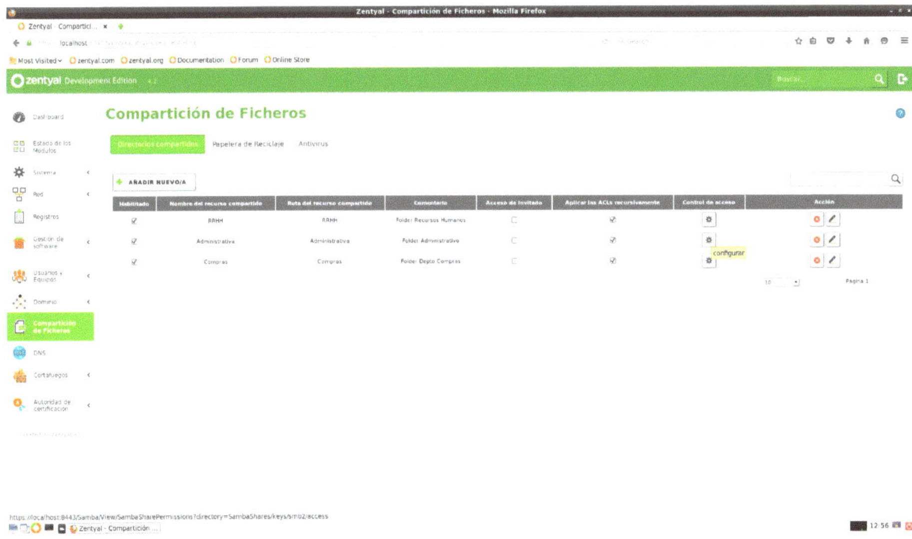

4.1.7.C1.

Hacemos clic en "Añadir Nuevo/a".

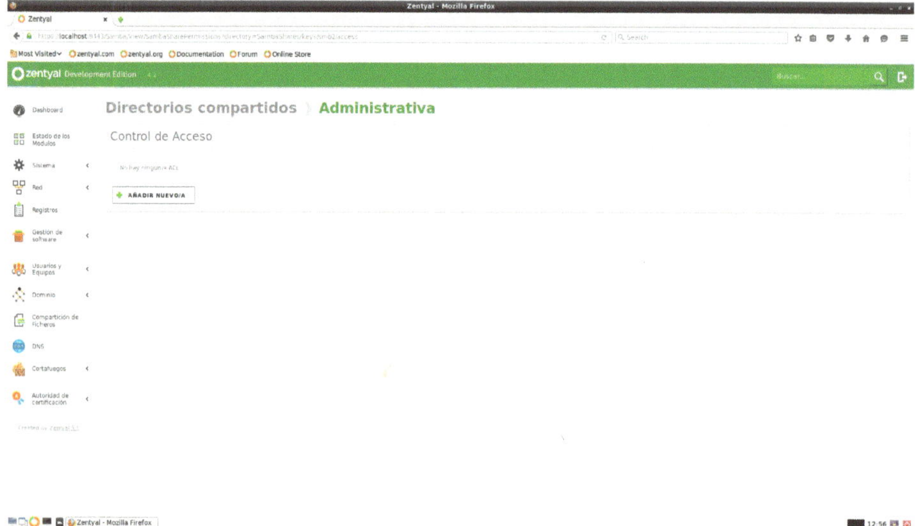

4.1.7.C2.

Podemos ver los campos con los que se dispone para configurar los accesos.

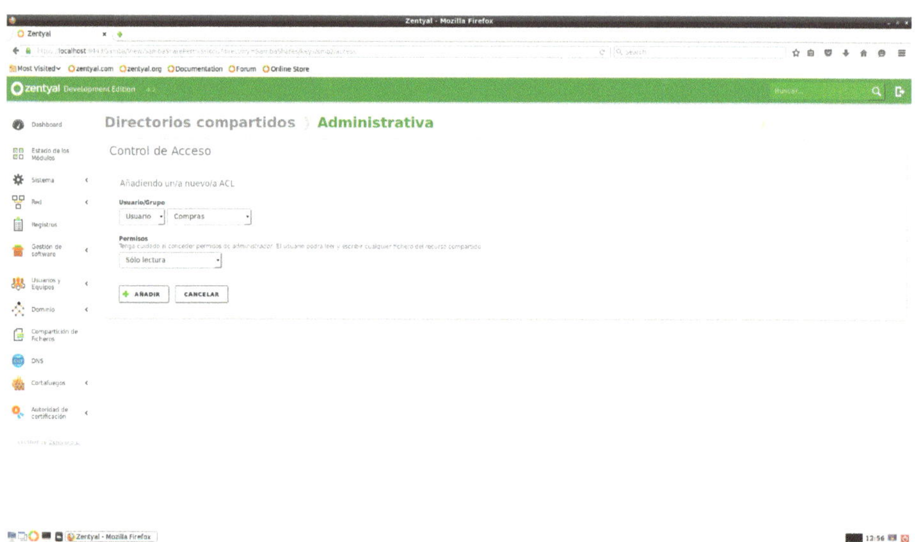

4.1.7.C3.

Hacemos clic en la casilla desplegable "Usuario/Grupo" y seleccionamos "Grupo".

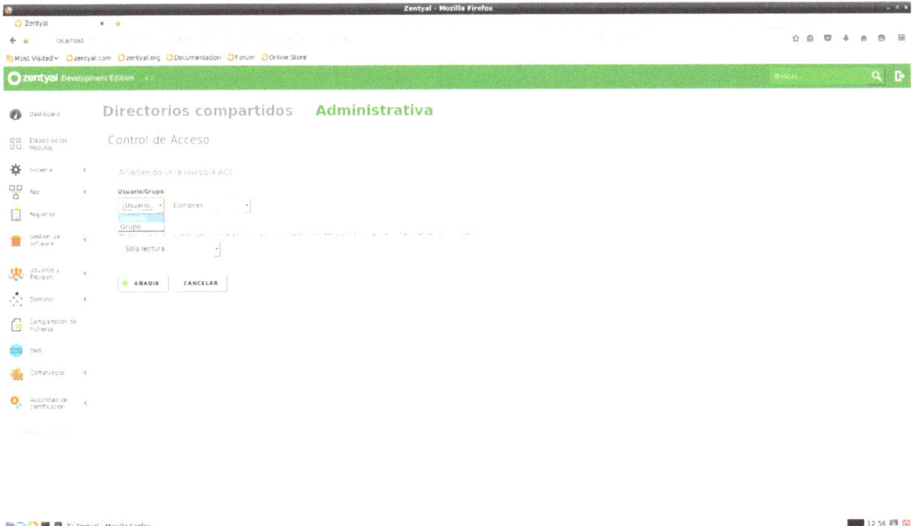

4.1.7.C4.

Hacemos clic en la casilla desplegable de la derecha y seleccionamos el grupo "Administrativo".

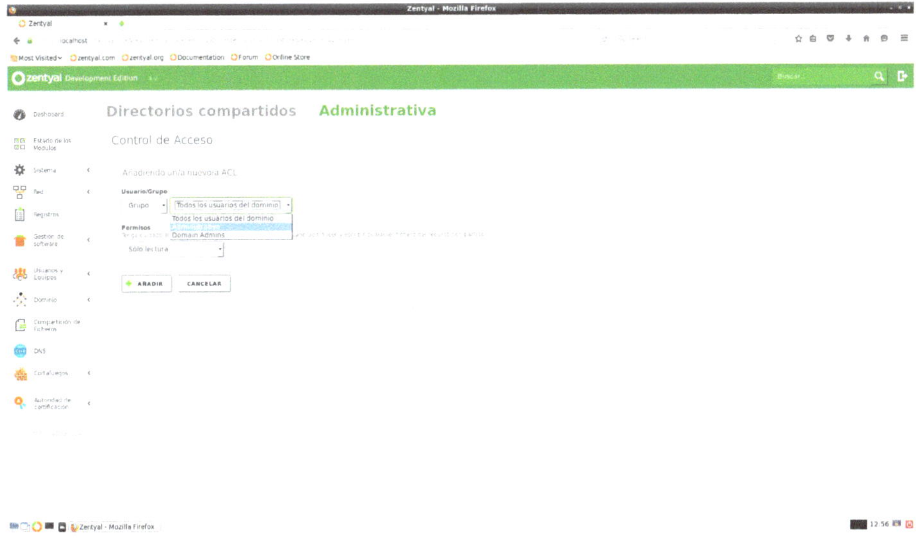

4.1.7.C5.

Dejamos la casilla de "Permisos" Intacta con el permiso por defecto "Sólo Lectura". Presionamos "Añadir" para agregar el permiso.

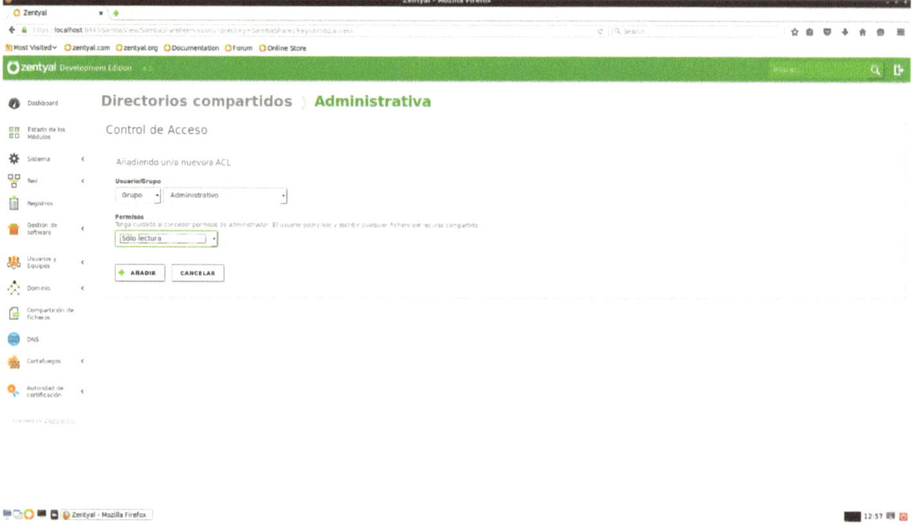

4.1.7.D1.

Tenemos nuestro primer permiso sobre el folder "Administrativa". Para hacerlo efectivo, hacemos clic en "Guardar Cambios".

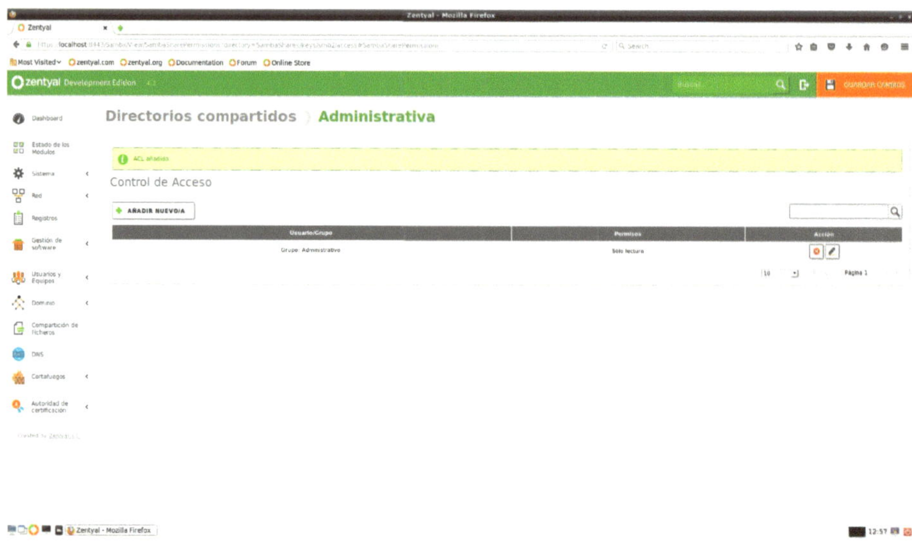

4.1.7.D2.

Presionamos "Guardar" para confirmar y luego "ok".

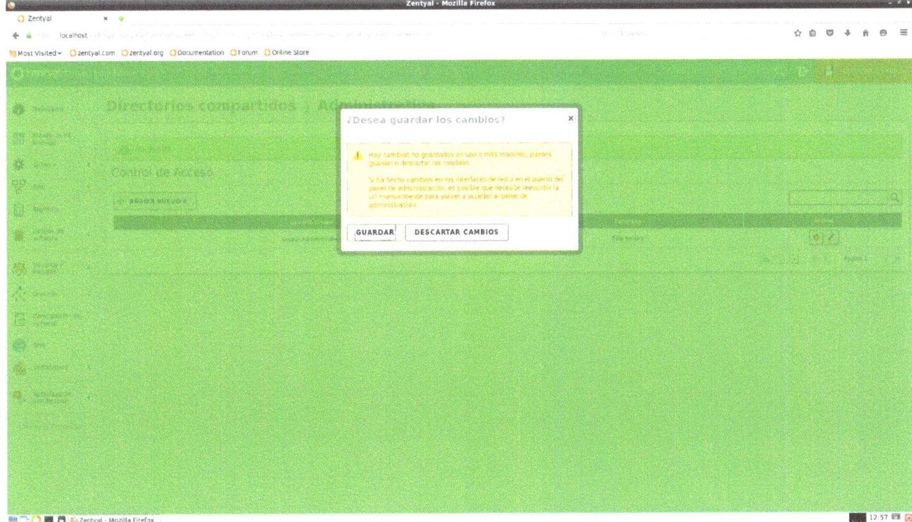

Las gerencias deben hacer uso del folder administrativo en modo de escritura, pero al ser miembros del grupo "Administrativo", también tienen acceso de lectura al mismo. Las gerencias deben tener acceso de lectura a los folders del departamento de Recursos Humanos y Compras. Este proceso de aplicar los permisos de lectura al folder administrativo, debe aplicarse también a los folders de "RRHH" y "Compras".

Antes de seguir adelante, el lector debe repetir los pasos anteriores y cumplir las siguientes tareas:

- Creación de los usuarios de ambas gerencias.
- Afiliación de los usuarios de las gerencias al grupo "Administrativo".
- Acceso de lectura del grupo "Administrativo" a los folders "RRHH" y "Compras".

En los siguientes pasos llevaremos a cabo la asignación de lectura y escritura sobre el folder "Administrativa".

4.1.7.E.

Hacemos clic en "Configurar" del folder "Administrativa

4.1.7.F1.

Dejamos la casilla desplegable "Usuario/Grupo" intacta en la opción por defecto "Usuario" y hacemos clic en la casilla de la derecha tomando la opción del usuario de "Gerencia Financiera" .

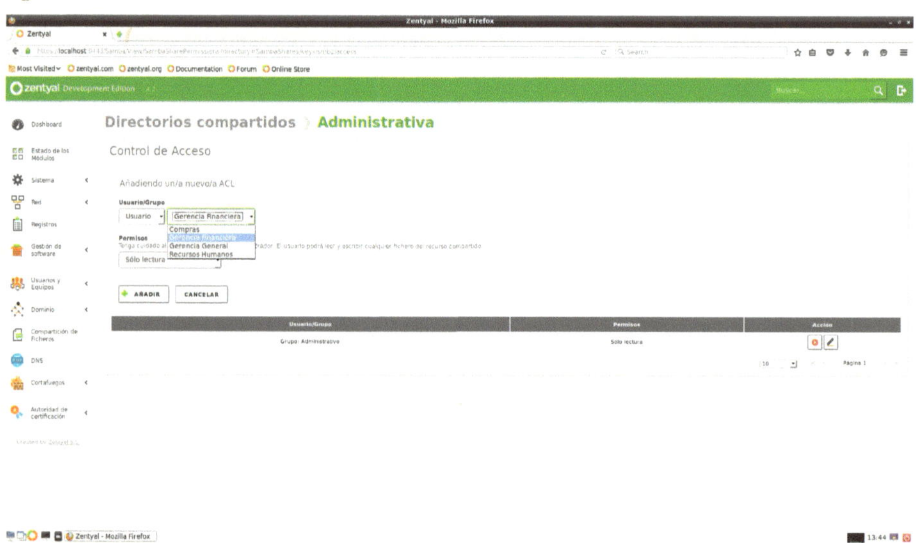

4.1.7.F2.

Cambiamos el permiso para este usuario a "De lectura y de escritura" y presionamos "Añadir". Repetimos el proceso para "Gerencia General".

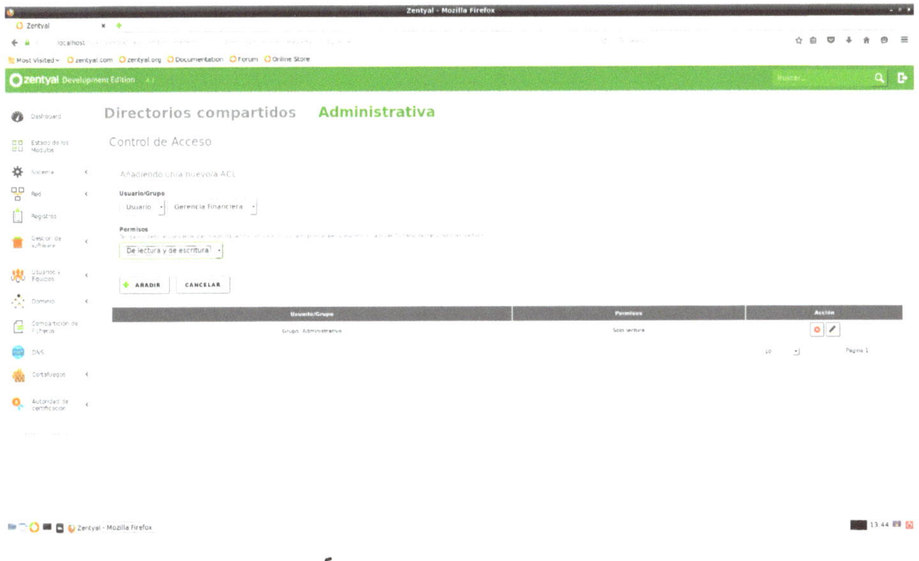

Los permisos de escritura aplicados al folder "Administrativa" para los usuarios de las gerencias General y Financiera, se aplican a los usuarios Recursos Humanos y Compras para los folders "RRHH" y "Compras" respectivamente. Para mayor claridad, el lector debe cumplir los siguientes pasos antes de continuar:

- •Recursos Humanos tendrá permiso de lectura y escritura sobre "RRHH".
- •Compras tendrá acceso de lectura y escritura sobre el folder "Compras".

El proceso de asignación de permisos de escritura y lectura debe repetirse para Recursos Humanos y el Departamento de Compras.

4.1.7.G1.

Para finalizar, hacemos clic en "Guardar Cambios".

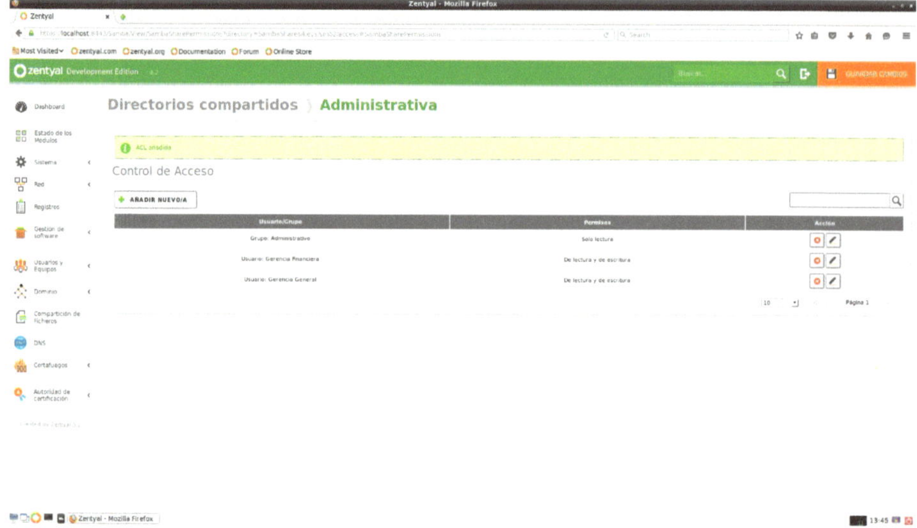

4.1.7.G2.

Presionamos "Guardar" para confirmar y después "ok".

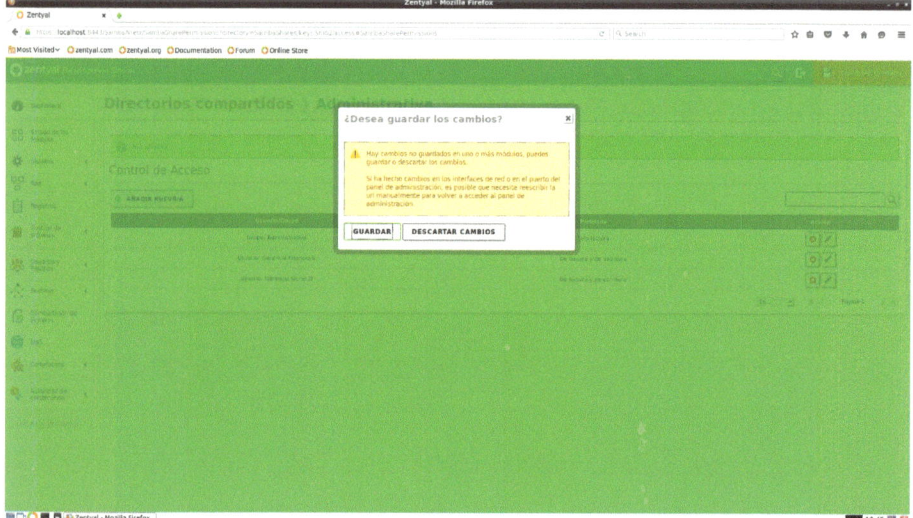

Al final de este proceso se tiene un servidor que permite alojar archivos con accesos diferentes para diferentes usuarios y grupos. El siguiente listado muestra los accesos brindados por usuario, por grupo y por nivel de acceso.

Folder

- Administrativa
  - Acceso de Escritura
    - Usuario
      - Gerencia General
      - Gerencia Financiera
  - Acceso de Lectura
    - Grupo
      - Administrativo
- RRHH
  - Acceso de Escritura
    - Usuario
      - Recursos Humanos
  - Acceso de Lectura
    - Grupo
      - Administrativo
- Compras
  - Acceso de Escritura
    - Usuario
      - Departamento de Compras
  - Acceso de Lectura
    - Grupo
      - Administrativo

La siguiente gráfica Muestra el flujo de accesos de los usuarios hasta los recursos compartidos.

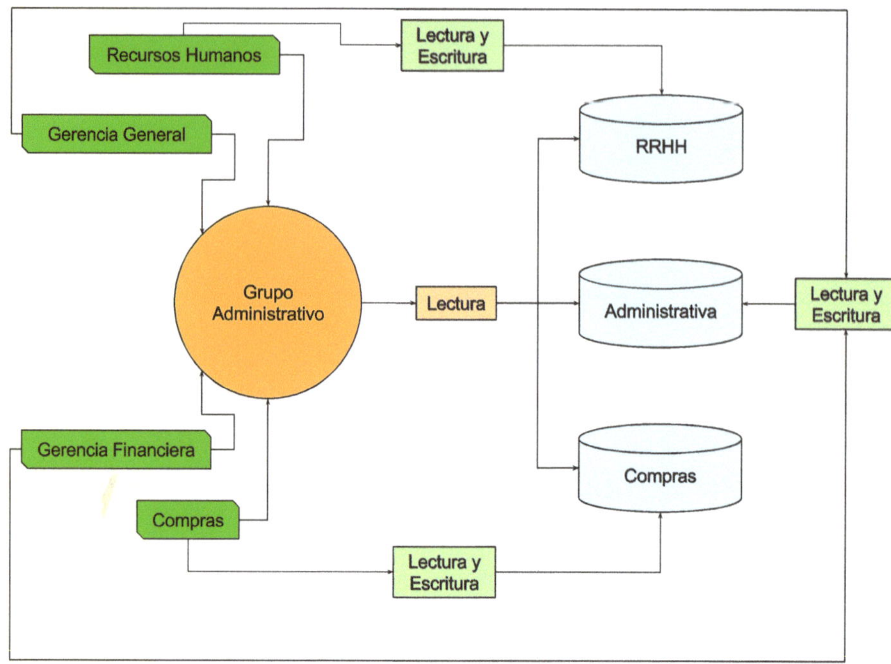

Figura 4.1.7.H. Los permisos de lectura fluyen a través del grupo "Administrativo", mientras que los accesos de lectura y escritura fluyen a través de los permisos de usuario,

#Capítulo 4. Consideraciones. _

Durante todo el capítulo cuatro se pudo observar tres grandes etapas. Estas etapas tenían características muy diferentes una de otras. En éstas, se pedía al lector ejecutar diferentes acciones para cumplir con porciones de la tarea objetivo del capítulo. Entonces:

¿Cuáles fueron estas tres etapas?

¿En qué se diferenció la primera etapa al resto?

¿En qué se diferenció la segunda etapa al resto?

¿En qué se diferenció la tercera etapa al resto?

Las etapas antes identificadas existen en los procesos de instalación de la mayoría del software y de los sistemas operativos. Sin embargo, no todos los sistemas tienen una gestión tan interactiva y detallada. Entonces:

¿Cuáles módulos de la plataforma poseen más de un mecanismo para lograr el mismo objetivo?

¿En qué se diferencian, a nivel de interacción gráfica, la gestión de usuarios y la gestión de paquetes?

¿Cuántos paquetes y módulos fueron instalados?

¿Cuáles se activaron al momento de terminar la instalación?

Bibliografía

Fayol, H., & Taylor, F. (1984). Administración industrial y general. Buenos Aires: Librería "El Ateneo" Editorial.

ostt - La organización vertical versus horizontal. (2009). Ostt.wikispaces.com/La+organización+vertical+versus+horizontal.
Fecha de Consulta: 10 de Enero de 2016, URL:
https://ostt.wikispaces.com/La+organización+vertical+versus+horizontal

Zentyal. (2007). Es.wikipedia.org/wiki/Zentyal.
Fecha de Consulta: 15 de Enero del 2016, URL:
https://es.wikipedia.org/wiki/Zentyal

Zentyal Server | Zentyal. (2010). Zentyal.com.
Fecha de Consulta: 21 de Enero del 2016, URL:
http://www.zentyal.com/zentyal-server/

Índice